JÉRÔME SAVARY,
L'ENFANT DE LA FÊTE

COLETTE GODARD

JÉRÔME SAVARY, L'ENFANT DE LA FÊTE

ÉDITIONS DU ROCHER
Jean-Paul Bertrand

ISBN 2 268 02303 6

1

En fin de siècle, et plus encore en fin de millénaire, chacun, d'une manière ou d'une autre, se retient de toutes ses forces à sa mémoire. Comme le personnage qui, dans les films d'angoisse, tombe d'une falaise, se cramponne à une racine, tandis que sous ses pieds, les pierres roulent en avalanche. On rassemble les souvenirs comme des bagages pour un exil vers l'inconnu, comme les héros de *Farenheit*[1] quand ils apprennent par cœur les livres avant qu'ils soient brûlés. La grande peur millénariste donne des couleurs joviales au passé. C'est ainsi que la dernière décennie du XXe siècle aura eu sa « belle époque », située du côté des années 60/70, quand arrive la génération du baby boom, la première qui n'a pas vécu la guerre.

Tout a commencé par la mode, forcément : au début des années 90, sont revenus les pantalons pattes d'éph' — un feu de paille —, les colliers en perles de bois,

1. Film de François Truffaut, description d'un futur totalitaire, tiré du roman de Ray Bradbury.

les vestes de daim à franges, les mini-jupes, les cuissardes, la panne de velours, les gilets brodés... Et l'écologie, et le mythe des Indiens en phase avec la nature. *Danse avec les loups*, le film de Kevin Costner parlé en langue autochtone, fait un tabac en 1992, alors que se célèbre le cinq centième anniversaire de la découverte — d'aucuns disent l'invasion — des Amériques par Christophe Colomb.

Ceux qui n'étaient même pas nés en 1968, n'en ont pas connu les utopies libertaires, n'espèrent plus « changer la vie ». Chômeurs potentiels, ils aimeraient avoir le loisir de refuser les diplômes, symboles de la bourgeoisie privilégiée, et les cadences infernales, symboles du prolétariat exploité. Le loisir de scander « métro-boulot-dodo », slogan épouvantail d'une société de consommation, à contester absolument. Les divers maoïsmes et autres gauchismes sont relégués aux oubliettes de l'histoire avec leurs ennemis, les paradis soviétiques. En même temps, ceux-là pour qui les utopies soixante-huitardes sont des histoires de grands-pères, en rêvent. Tout au moins ont-ils envie de savoir. La radio puise dans ses archives, la télévision dans les siennes, et celles du cinéma, c'est ainsi que l'on apprend l'Histoire : le débarquement allié en Normandie à propos de son cinquantenaire, la mort de Kennedy, celles de Marilyn Monroe, de John Lennon... On n'arrête pas de commémorer. De redécouvrir les yéyés, la chaîne unique en noir et blanc avec ses jeux, ses « Reines d'un jour »...

On arrange un temps d'innocence dont, plus ou moins consciemment, ceux qui ne l'ont pas connu réinventent deux ou trois choses. Si l'on s'en tient au seul théâtre, de la même façon que ces années-là prônaient « l'expression corporelle » pour son universalité, on observe à présent la renaissance du corps comme véhicule de communication : grâce au développement de la danse contemporaine, grâce à ses interférences avec les spectacles purement dramatiques. Grâce à l'influence de Pina Bausch[1] qui a beaucoup utilisé les « petits gestes » inspirés par le langage des signes des sourds-muets. Grâce à la découverte directe de ce langage pratiqué notamment par une troupe de comédiens, l'IVT (International Visual Theatre), installée pendant un temps au château de Vincennes, et fonctionnant sur le modèle des troupes similaires existant aux États-Unis depuis les années 60. La vogue en a été confortée par celle des « différences ».

Les Enfants du silence, pièce américaine devenue un film à succès, adaptée en français au théâtre avec un succès plus grand encore est pour beaucoup dans la reconnaissance d'un langage qui a bien du mal à se faire admettre — mais après tout le feuilleton *Holocauste* a eu, en Allemagne, plus d'impact que des œuvres intelligentes, fortes, bien moins accrocheuses. De la même façon, un petit film australien, *Priscilla, folle du désert*, a canalisé le retour aux drag queens, que le sida, par pudeur et horreur, avait mises un moment en veilleuse. Naguère nommées travelos, traves, transformistes, ce sont le plus souvent des artistes de cabaret pas forcément transsexuels. Au contraire : des hommes qui veulent théâtraliser leur homosexualité en se féminisant à outrance, dans le culte de la dérision et du grotesque, avec force maquil-

1. Chorégraphe allemande, fondatrice et directrice du Tanz Theater de Wuppertal, dans la Ruhr.

lages clownesques, costumes délirants (*Priscilla* a reçu l'Oscar des costumes).

La belle époque : dérision, grotesque, délire, défonce multicolore du psychédélisme, scintillements hallucinatoires de l'op' art... Refus militant de l'ennui, de la grisaille, du béton des banlieues. Le paradis, artificiel ou non, mais ici et maintenant. La jeunesse, cible privilégiée d'une consommation à outrance, se révolte, veut mettre l'imagination au pouvoir et le bonheur à l'ordre du jour.

La fête est alors à la mode, la mode est à la fête, tout le monde s'y met, y compris le théâtre. Le Grand Magic Circus, avec ses animaux tristes, incarne cette folie délibérée, cette idéologie de l'adolescence triomphante. D'autres y ont participé, lui a duré longtemps. Et puis il est né comme il le fallait : par hasard, par intuition, par goût et sens de la fête. Il en a traversé l'histoire, il l'a conduite. Elle aurait moins existé sans lui.

Lui, c'est aussi Jérôme Savary, père-fondateur du Magic Circus, son géniteur et son tyran. Un symbole à lui tout seul : dernier enfant d'une famille de trois garçons, il est né le 27 juin 1942 à Buenos Aires, où son père s'était exilé pour cause de pacifisme militant, et dans un esprit de communauté fourriériste.

JÉRÔME SAVARY

En fait, la communauté se réduisait à sa maîtresse, plus mes deux frères, de quatre et six ans plus âgés que moi, et ma mère. Quand, assez rapidement, elle s'est rendue compte de la situation, elle s'est révoltée, mais a perdu la partie. Je résume : le jour où mon père a dit qu'il allait partir, elle lui a demandé un enfant. Je suis cet enfant, le cadeau de divorce.

Elle m'a comblé de tendresse et de câlins, parce que je représente la dernière étreinte. En même temps, j'imagine qu'elle a dû beaucoup pleurer sur mon berceau. Elle espérait une fille, je me serais appelé Noémie. Des trois garçons, je suis le seul à n'avoir pas eu de père.

Nous sommes partis de Buenos Aires pour habiter la pampa. Enfin, la campagne, avec de petites montagnes, des ruisseaux, des arbres : la Sierra Cordoba. Je me souviens de ma mère à l'époque, une femme très belle en pantalon de cheval. Une femme élégante sur un pur-sang. Elle était très grande, nous étions de la même taille. Mes deux frères ont suivi l'école péroniste avec l'uniforme militaire. Moi pas. Ma mère ne m'y a pas envoyé, je ne sais pas pourquoi. Peut-être imaginait-elle que je deviendrais un artiste, et que ce n'était pas la peine... Non, je pense plutôt qu'à ma naissance, elle envisageait déjà de retourner en France, et a voulu m'éviter un dépaysement supplémentaire. C'est seulement à son retour, en 1947, que je suis allé à l'école. Trop tard, je ne m'y suis jamais habitué.

Je garde de bons souvenirs de mon enfance argentine, mais l'arrivée en France a été épouvantable. Ma mère, c'était son pays, pour moi un déracinement, un exil. Encore aujourd'hui, j'en garde des cauchemars. Je ne sais plus quelle langue je parlais, probablement un peu espagnol, un peu français. Mes frères me traitaient en bébé, j'étais déjà un garçon. Nous habitions Chambon, en Auvergne. À l'époque, à cause du froid, on dormait dans des placards sur de la paille, avec un drap. Les placards se trouvaient dans les cuisines pour économiser le chauffage. Ma mère n'était pas pauvre, loin de là. Enfin, elle était suffisamment riche pour la campagne. Son grand-père, gouverneur de l'État de New York, lui avait laissé des rentes.

Elle n'a jamais travaillé, ça ne lui serait pas venu à l'idée ; elle n'a pas été éduquée de cette façon. Avec moi, elle s'est montrée rigoureuse ; en tout cas pour l'école. Elle m'a obligé à y aller. Je crois bien avoir été le seul élève de la classe à rater mon BEPC. J'ai redoublé ma troisième, et ma mère a compris. Elle m'a laissé partir pour Paris.

Avant Paris il y a Neuilly, une chambre chez la femme d'un pasteur, passionnée de sciences ésotériques. Comme tout enfant en difficulté scolaire, Jérôme est inscrit dans un cours privé : la Colline. Comme tous les établissements de ce genre, sur prospectus il présente bien : excellent pourcentage de réussites au bac, photos couleur de chambres presque individuelles, de salles de classe claires et spacieuses, sans oublier le jardin, quasiment un parc. Comme d'habitude la réalité est moins riante.

« C'était une école coûteuse autant que délabrée. Avec des cloisons de carton-pâte trouées par nos soins, et si fines que l'on entendait tous les cours à la fois. Mes compagnons de classe étaient tous des gosses de riches, une fois encore je me retrouvais l'enfant venu d'ailleurs, le plouc [1]. » Évidemment, ça ne dure pas. Jérôme s'ennuie, ce qu'il ne peut absolument pas supporter. Il est, dit-il, saisi d'une fringale de culture, dévore toute la littérature romanesque du XIXe siècle, lit *Le Monde* tous les jours, passe des heures dans les musées : il veut devenir artiste. Par respect pour son père qui aurait tant aimé écrire mais n'a jamais rien publié, il écarte la littérature. Reste la peinture. Après

1. Jérôme Savary, *La Vie privée d'un magicien ordinaire*, 1985, Ramsay.

un stage à l'école Martenot, inventeur des « ondes » du même nom, ancêtres des synthés, Jérôme entre aux Arts Déco.

À cette époque, en 1959, la tradition des monomes n'a pas disparu. Aux Arts Déco comme aux Beaux-Arts, la fanfare assume un rôle primordial. Elle anime des bals et des fêtes, défile dans les rues, se produit l'été sur les plages. Dès son arrivée aux Arts Déco, Jérôme tient la trompette et la batterie.

2

MICHEL LEBOIS, dit MICHOU, scénographe

Vers 1959, Jérôme arrive aux Arts Déco. Moi j'y étais depuis deux ans. Il entre à la fanfare. J'en faisais partie, nous sympathisons. Le directeur, Léon Moussinac, est en fin de carrière, et attend tranquillement que se termine son mandat. Il n'a pas de toute façon la fibre disciplinaire, s'intéresse surtout aux traditions qui perdurent. C'est le côté un peu snob des Arts Déco. Chaque année, nous organisons une exposition, accompagnée de spectacles. On reçoit du théâtre, je me souviens d'une pièce de Strindberg par Lucien Attoun [1] avec la troupe de HEC. Nous, nous nous occupons de la musique. On pratique la grosse rigolade, les gags, la provocation collégienne. Un côté Marx Brothers potache.

La période est assez marrante. On ne travaille pas très sérieusement. D'ailleurs, le matériel est insuffisant. À vrai dire il est pratiquement nul. Les Arts

---

1. Producteur de radio, fondateur et directeur de Théâtre Ouvert, centre de recherche centré sur les écrivains.

Déco dispensent un enseignement général sur l'art. À ce moment-là, l'école sert avant tout de foyer d'attente, le dilettantisme y règne. Toutes sortes de gens s'y rencontrent, des gens qui deviendront designers ou critiques d'art. La vie quotidienne est nonchalante. Le matin, on ne fait rien parce que ce sont les cours classiques de dessin, les mêmes qu'en prépa, alors on décide que c'est inutile. L'après-midi, il y a le travail d'atelier. On planche sur des projets avec des décorateurs.

Le reste du temps, on le passe au cinéma. Dans les salles rive gauche, l'après-midi, on peut voir un western pour deux francs. À la cinémathèque, Henri Langlois [1] fait le guichetier et nous laisse entrer gratuitement. On se spécialise dans les films américains, les Marx, les polars, les westerns... La cinémathèque se trouve alors rue d'Ulm, contiguë à Normal' Sup et aux Arts Déco. Au dernier étage, il y a une grande salle de dessin, que l'on squatte la nuit, une fois l'école fermée, pour y travailler. Travailler la nuit, c'est mieux. Pour rentrer chez nous, on fait le mur. Chez nous, c'est un petit hôtel rue Daumont, toute la bande y habite. Mais les chambres sont étriquées, on ne peut pas y faire de musique. Et la musique, on y consacre plus de temps qu'au dessin.

On est tous fous de jazz. C'est la génération qui veut ça. Cette génération qui a vécu la fin de la guerre, quatre ans de rêve américain interdit, et qui voit débouler tout ce que l'Amérique produit de mieux, Gillespie, Parker... La période bop, c'est notre truc. Paris est plein de clubs. Il y a les grands orchestres amenés par leur manager, Quincy Jones. On aime tout. On est branchés musique. Jazz et

---

1. Fondateur et directeur de la Cinémathèque française et du Musée du cinéma.

cinéma. Le théâtre en ce temps-là, ne m'intéresse pas. Jérôme, oui. Il est abonné au TNP.

Jérôme Savary aime à faire état de ses premiers émois de spectateur à Chambon, non loin de Saint-Étienne, où Jean Dasté, « pionnier de la décentralisation » selon l'expression consacrée, dirige le centre dramatique. Un vrai pionnier du « défrichage de désert culturel », mission première du service public en un temps où la télévision n'a pas encore envahi la France profonde. Il suit les traces des anciens théâtres ambulants, des vieux cirques miteux qui vont inspirer à Jérôme Savary le Magic Circus. Les centres dramatiques parcourent les bourgs et les villages, présentent dans les salles des fêtes ou les anciens cinémas à attractions, des « petites formes », spectacles de tréteaux, tout au moins à décors réduits, mais à répertoire ambitieux et comédiens motivés. Pas n'importe qui. Daniel Sorano [1] a été un exemple dans la première vague de la « décentro », Roland Bertin [2], avant d'entrer à la Comédie-Française, y a passé des années, Delphine Seyrig y a fait ses classes et en parlait bien.

À Chambon, Jérôme enfant est émerveillé par les malheurs et les décolletés des héroïnes de Molière, par les cris et les poignards des drames shakespeariens, par les « songes » des épopées brechtiennes, par la joliesse précaire des éléments de décor en carton pâte.

1. Comédien toulousain, a participé aux premiers pas de la décentralisation dramatique avant de rejoindre Jean Vilar au TNP de Chaillot. Plusieurs salles du service public portent son nom.

2. Acteur au Centre dramatique de Bourgogne avant de travailler avec Jorge Lavelli, Patrice Chéreau, et d'entrer à la Comédie-Française...

Adolescent, à Chaillot (le TNP de Jean Vilar[1]) il est ébloui par Alain Cuny, Gérard Philipe, Maria Casarès, Jeanne Moreau : les stars l'ont toujours fasciné — c'est son seul point commun avec Patrice Chéreau.

JÉRÔME SAVARY

Ce n'est pas tant voir du théâtre qui me plaît alors, c'est de m'y trouver, c'est l'ambiance, c'est l'exaltation des gens sur scène. Sur scène, tout le monde est beau. À ce moment-là, je ne pense pas à entrer dans ce milieu. Mes seules expériences d'entertainer sont les animations avec la fanfare des Arts Déco, et auparavant, au collège Cévenol où je jouais dans un petit groupe. En fait, j'avais déjà écrit des pièces.

Pour moi, les Arts Déco représentent une ouverture vers un métier. Décorateur, publiciste, dessinateur, je ne sais pas. Mon premier emploi, en dehors des jobs de télégraphiste ou de garçon de bureau pour l'été, c'est étalagiste à La Belle Jardinière, où les curés viennent acheter leurs soutanes. Mon boulot consiste, en chaussettes, à disposer les marchandises dans les vitrines, en faisant semblant de ne pas voir les badauds qui ricanent. Mais faire une grande école pour finir là, à ranger des rubans dans une vitrine... J'en ai eu vite marre. Donc je lâche.

Je lâche tout, parce qu'on est en pleine guerre d'Algérie. Avant le service militaire, vous devez vous présenter à une caserne, où on statue sur votre sort. Soit votre demande de dispense ou de sursis est acceptée, soit elle ne l'est pas, et quelques mois plus tard, vous entrez pour deux ans dans l'armée, ou même vous partez vous battre en Algérie. À cette

---

1. Comédien, metteur en scène légendaire, fondateur du Festival d'Avignon, théoricien et praticien du « théâtre populaire », fondateur du Théâtre national populaire de Chaillot.

> étape des « événements », de Gaulle change les règles, et les sursis se font beaucoup plus rares. Un de mes frères, qui a cru pouvoir passer au travers, s'est retrouvé en prison. Aux Arts Déco, plein de copains ont dû partir... Michou est oublié, je ne sais pas pourquoi. Lui non plus, mais il ne fait pas de zèle. Étant né en Argentine, je bénéficie de la double nationalité. Je peux aller faire mon service militaire là-bas, et dans ce cas j'ai encore deux ans devant moi. Mais je ne veux pas risquer de me faire ramasser. Je pars pour New York.

En Algérie, c'est l'escalade, la situation se radicalise. En France, on prononce même le mot « guerre ». La guerre réclame le contingent, les générations étudiantes sont les premières touchées, les familles s'énervent. Le même type de processus se reproduira dix ans plus tard à propos du Viêt-nam, mais aux dimensions des États-Unis, et avec une amplification télévisée sans aucun rapport avec les images que les reporters peuvent envoyer en noir et blanc d'Algérie. Le Viêt-nam a démontré les effets pervers d'une surinformation anarchique, misant sur le spectaculaire. La guerre du Golfe a prouvé qu'il est simple et suffisant de laisser filtrer le spectaculaire, en retenant à la source les informations. Pendant la guerre d'Algérie, c'est à la source et à l'arrivée qu'elles sont contrôlées, la censure s'exerce sans se cacher.

La grande différence avec le Viêt-nam, c'est que la guerre agit également en métropole. Elle se politise : il y a les facs de droite, celles de gauche, et entre elles des bagarres furieuses, idéologiques et physiques. Situés au centre névralgique, les syndicats universitaires prennent position, prennent part aux actions, prennent une place prépondérante. Chez les quadragénaires et plus, entre les nostalgiques de l'Indochine et ceux qui ne croient pas à la « France une et unie de Dunkerque à Tamanrasset », la lutte tourne à la haine. Les uns diffusent des photos de cadavres français mutilés par les fellagahs, les autres dénoncent les tortures exercées par l'armée française. Les intellectuels s'engagent contre la guerre coloniale, appellent à la désertion. Leurs noms sont inscrits sur une liste noire, ils sont interdits de radio et de télévision. Belle époque.

Il y a les ratonnades et les « nuits bleues » de l'OAS, charges de plastic qui explosent un peu partout, alertes à la bombe dans les théâtres et les cinémas. De l'autre côté s'organisent des réseaux de soutien aux différents mouvements algériens, sur le modèle et la morale de la Résistance. On voit, c'est vrai, des engagements politiques, mais chez beaucoup de « porteurs de valises », on trouve — comme l'écrit Simone de Beauvoir — le refus de se trouver du côté d'une loi d'inégalité, la honte de pouvoir se balader toute la nuit si on en a envie, alors que les « ressortissants maghrébins » sont assujettis au couvre-feu.

Entre jeunes gens, on se donne des tuyaux pour échapper à la conscription, des adresses de médecins prêts à délivrer des certificats de schizophrénie, d'homosexualité. Les bistrots de Saint-Germain-des-Prés grouillent de flics qui font des rafles, avec la même technique que pendant l'Occupation : les issues bloquées, les cartes d'identité confisquées au hasard mais — différence appréciable — récupérées au commissariat. Le quartier grouille de dealers, qui vendent des pilules antimilitaristes, censées provoquer des tremblements, des boutons dégueulasses, des vertiges, une cécité espérée provisoire...

Jérôme n'a pas besoin de cette mascarade dangereuse, il fait le choix de l'Argentine, d'autant que là-bas, les conscrits sont tirés au sort et qu'il compte sur sa chance. Il ne se sent pas profondément concerné par le problème algérien : il ne veut pas faire la guerre, c'est tout. Il part donc d'abord pour New York, reproduisant l'émigration paternelle pour cause — ou sous prétexte — de pacifisme. Mais contrairement à son père, il n'emmène pas sa famille et sa maîtresse. Il part seul : « Je fuis une jeune fille que j'aime mais j'ai dix-huit ans et peur de me lier. Je pars comme un lâche. Je lui dis que c'est pour les vacances. Je crois qu'elle se doute de quelque chose... Michou est là pour prendre la suite. »

À peine à New York, Jérôme a le coup de foudre, et se met en ménage avec une jeune femme qui fait des pochettes pour des disques de jazz. Il ne sait pas vivre sans femme. « Je les adore, voilà pourquoi je suis incapable de m'en passer. C'est comme d'aimer le vin. J'aime l'objet, la forme, le principe, elles sont tellement plus harmonieuses. Je ne suis pas spécialement baratineur, j'aime faire l'amour. Pour me rassurer, comme tout le monde, tout homme et toute femme. Et puis, n'exagérons rien. Ma vie sentimentale a peut-être été un peu mouvementée, mais c'est le métier qui veut ça. Tu travailles souvent hors de chez toi, ta femme ne peut pas toujours te suivre. Si tu restes plusieurs semaines à Hambourg ou à Vienne tu vas forcément t'enticher d'une comédienne ou d'une cantatrice, même si tu reviens de temps en temps chez toi. Je ne peux pas me réveiller seul. La solitude m'angoisse. J'ai besoin de gens autour de moi, d'une ambiance familiale. »

Pendant ces deux ans new-yorkais, Jérôme parfait son anglais, gagne vaguement sa vie dans un atelier de bandes dessinées, fait le chauffeur pour la veuve de Charlie Parker, se gave de jazz, suit le mode de vie en cours dans ce milieu : drogues douces et dures, prend peur et prend la fuite. Direction l'Argentine en passant par la Jamaïque où vit son père. Il y reste deux semaines, rejoint enfin Buenos Aires, où il entre aux Beaux-Arts, et tombe amoureux d'une fille très riche. Riche comme on peut l'être dans un pays pauvre, c'est-à-dire immensément. Avec des propriétés dont la moindre couvrirait un de nos départements. Jérôme a l'impression de vivre un scénario de comédie sophistiquée. L'Argentine est un pays magique, enchanteur, peuplé de poètes et de grands délirants.

Jérôme a oublié le service militaire qui se rappelle à lui. Il a tiré le mauvais numéro, est affecté dans la pampa à quatre cents kilomètres de la capitale, dans une petite ville de garnison nommée Azul. Il s'y ennuie à mourir, lui qui hait la discipline et ne peut se passer de femmes. Sa riche bien-aimée fait une seule fois le voyage. Ensuite, ils se verront pendant les permissions. L'idylle ne résiste pas.

Parce qu'il est français, Jérôme devient l'estafette d'un colonel qui a fait ses études en Belgique. Le service terminé, il retourne à Buenos Aires.

Les malheurs du petit Français :

Jérôme est seul et sans argent, crèche dans une petite chambre. Il se trouve là le 23 novembre 1963,

John Kennedy est assassiné. Le rêve Wasp[1] s'écroule. Le monde retient son souffle. « Merde, c'était un type tellement vivant, un président qui baisait ! », telle est l'oraison funèbre soupirée par un Argentin de Paris, et c'est la plus belle.

Là-bas, en Argentine, Jérôme pleure, toujours seul et pauvre. Il reviendrait bien en France, mais étant parti sans rien, il aimerait avoir quelque chose à rapporter. Quoi ? Il ne sait pas. Il fait le tour des revues et vend ses dessins. Pour la première fois de sa vie, il la gagne entièrement. Sans faire fortune, loin de là. Le 24 décembre, désespérément seul, il erre dans les rues. Il fait trop chaud dans sa chambre. Là-bas, en Argentine, c'est l'hémisphère sud, Noël tombe en plein été. Ce qui n'empêche pas les familles d'acheter des sapins couverts de givre artificiel. Mais pour Jérôme il n'y a pas de sapin, pas de givre, pas de famille. Il y a le buffet de la gare et les clochards, qui comme dans l'hémisphère nord, boivent jusqu'à l'abêtissement, et s'écroulent en ronflant, puants et pathétiques.

THE END. RIDEAU.

C'est à peu près ce que Jérôme aurait montré dans un spectacle tiré de ses aventures militaires. La réalité est moins émouvante. En voici la version sinon définitive, du moins la plus plausible :

« Après sept mois de service militaire, je suis libéré le 22 novembre 1963, et je suis heureux comme jamais de sortir enfin de cette prison d'ennui. Je prends l'autocar, les gens pleurent. J'apprends l'assassinat de Kennedy, le monde s'écroule. Je me retrouve

1. White Anglo Saxon Protestant.

à Buenos Aires, je dessine pour une revue, pour une encyclopédie : des reproductions d'oiseaux. Je m'ennuie.

« J'avais failli me marier avec une fille riche, c'est vrai. Je l'avais rencontrée avant le service. Je traînais sans un sou, à cause d'une interminable grève des postes. Je ne recevais pas les chèques de ma mère. Je me nourrissais aux vernissages des galeries. C'est dans une galerie qu'elle m'a abordé.

« Ses parents ont empêché le mariage. Ils ont bien fait. Quand je suis arrivé, j'avais oublié complètement l'espagnol. On parlait français, ça faisait chic. J'ai appris l'espagnol à l'armée, j'avais un vocabulaire de charretier. Bref, l'idylle n'a pas tenu. J'ai passé Noël là-bas, assez seul.

« Je reviens en France vers février-mars 1964. J'ai la nostalgie de l'Argentine, je passe mes nuits dans les boîtes latino de la rive gauche. C'est là que je rencontre Ilcia. Je retrouve mes copains des Arts Déco. Je n'ai strictement aucun projet, mais c'est là que tout commence réellement. C'est la vérité. »

3

MICHEL LEBOIS

Quand Jérôme revient à Paris, j'ai quitté les Arts Déco. J'y étais resté quatre ans. On ne s'était pas écrit, mais on se retrouve tout de suite. De s'être succédé dans le cœur de la même femme crée des liens. On est fauchés mais heureux, on fait la nouba. Il habite un atelier à Montparnasse, sinistre : pas de chauffage, l'eau sur le palier. Et puis son père lui refile sa maison à la Contrescarpe. Une drôle de maison, trois étages, une pièce par étage, comme un jeu de cubes. Mais c'est à la Contrescarpe et autour que tout se passe.

Tout se passe au Théâtre de Lutèce, salle privée dirigée par une mécène, Lucie Germain, et disparue depuis. À l'Épée de Bois, un lieu minuscule devenu cinéma. Sur la place même, occupée par des clochards traditionnels, au cabaret d'Arlette Reinerg. Une femme étonnante, metteur en scène d'un théâtre « d'avant-garde », notamment celui de Dubillard, avec qui elle vivait, avec qui elle partageait l'amour du vin blanc.

À la Contrescarpe, on rencontre tout le monde, d'Alain Crombecque [1] à Victor Garcia [2], en passant par Copi [3] et tous les Argentins. Au début des années 60, les Latino-Américains en général, les Argentins en particulier, tiennent le haut du pavé parisien. Ils amènent sur scène la subversion baroque, les flamboiements de l'irrationnel, la religion de la confusion et de l'éphémère dans un paysage artistique qui, au théâtre, se sclérose autour d'un brechtisme mal compris, austère, entièrement tourné vers le didactisme politique (attention : éveil des consciences obligatoire). Ils viennent en France, les Latinos, parce que la santé démocratique et économique de leur continent n'est pas au zénith, parce que l'Europe latine porte leurs racines, que l'Espagne souffre encore sous Franco, parce qu'en Italie, il n'y a pas le Théâtre des Nations avec son université, l'UTN.

Le Théâtre des Nations qui date de 1954 est, dans l'après-guerre, le plus grand festival mondial de théâtre — Brecht et les Zoulous, Ingmar Bergman [4] et l'Opéra de Pékin, le Théâtre d'Art de Moscou et la Royal Shakespeare Company, Strehler [5] et Henry

---

1. A dirigé le Festival de l'UNEF, celui d'Avignon de 1985 à 1992, celui d'Automne à deux reprises, en 1975-1976 et depuis 1993.

2. Argentin, arrivé en France au début des années 60. A travaillé au Brésil, à Paris, Barcelone, Madrid, Londres.

3. Argentin, dessinateur, père de la *Dame assise* (en BD au *Nouvel Observateur*), auteur et comédien.

4. Le plus célèbre des cinéastes suédois est d'abord un homme de théâtre.

5. Metteur en scène de théâtre et d'opéra, directeur du Piccolo

Fonda, en attendant le Living Theatre[1] et Grotowski[2]... De plus, en 1963, naît, sous l'impulsion de Jack Lang, le Festival de Nancy, d'abord universitaire. Or, il se trouve qu'en Amérique Latine, les troupes universitaires sont au cœur de la contestation, sont l'unique lieu où l'opposition politique peut s'exprimer sans fusils. Il se trouve qu'en 1962, devenu adulte, le Théâtre des Nations s'essouffle, cherche un sang nouveau, fonde son université, l'UTN.

ANDRÉ LOUIS PERINETTI, directeur de l'Université du Théâtre des Nations

La première année, il faut réunir des gens pendant un mois, sous prétexte d'assister à des conférences. Il s'agit de rencontrer les metteurs en scène invités au Théâtre des Nations, la motivation essentielle étant bien entendu d'obtenir des billets gratuits pour les spectacles. La seconde année, le cercle s'élargit, et pour une raison ou une autre demeure majoritairement latino-américain.

Quand on réunit des jeunes professionnels, ils ont envie de créer ensemble. Dès 1962, se constituent des groupes, qui présentent leurs productions au Lutèce. Le *Jet de sang* d'Artaud par Jean-Marie Patte[3], le

---

Teatro de Milan. Premier directeur du Théâtre de l'Europe à Paris. Président de l'Union des théâtres de l'Europe. Magicien des lumières.

1. Groupe underground new-yorkais fondé par Julian Beck et Judith Malina. Symbolise l'esprit libertaire de 1968.

2. Homme de théâtre polonais, théoricien du « théâtre pauvre » dans le sens de dépouillé. A formé nombre de comédiens dans son école de Wroclaw.

3. Stagiaire à l'Université du Théâtre des Nations, demeure fidèle à un théâtre de mystère.

Tableau de Ionesco[1] par Jorge Lavelli[2]. En 1963, les cours durent quatre mois, avec un cycle de culture générale, des ateliers de recherche sur un thème imposé. C'est là qu'intervient Victor Garcia. Il dort tout le temps, mais sa personnalité éclate, indéniable. On lui confie un atelier en langue espagnole, il monte le *Retable de don Cristobal* de Garcia Lorca : un vrai coup de canon. Jérôme entre à l'UTN en 1964, avec sa grande gueule, sa vitalité. Il ne se montre pas vraiment assidu, c'est le moins que l'on puisse dire. Il ne l'a jamais été d'ailleurs. Mais il travaille sur les spectacles en espagnol que la bande des Argentins, avec Copi, présente au Plaisance[3]. En fait, il colle à une actrice vénézuélienne qui joue chez Victor Garcia.

« Une bombe sexuelle », voilà comment Jérôme décrit sa première épouse Ilcia d'Aubetère. Elle est petite mais jeune, ferme, dodue, avec un visage indien, des « yeux de braise » bridés, des pommettes larges, un tempérament explosif. Et, ajoute Jérôme, elle est d'une jalousie morbide. Il la drague dans l'entourage de Copi, seigneur de la Contrescarpe. Jérôme peint, et vit grâce aux chèques que lui envoie sa mère, chaque mois. Sans oublier les rallonges en cas de besoin. Car il passe un peu de temps devant ses toiles et bien

1. Né en Roumanie, père du théâtre de l'absurde, dont l'œuvre fondatrice, *La Cantatrice chauve*, lui survit et se donne sans discontinuer depuis sa création en 1951 aux Noctambules.

2. Argentin, arrivé en France en 1961. Stagiaire à l'Université du Théâtre des Nations, prix au concours des Jeunes Compagnies en 1965 avec *Le Mariage* de Gombrowicz. Metteur en scène de théâtre et d'opéra. Directeur du Théâtre national de la Colline de 1986 à 1996.

3. Petite salle de la rue Plaisance, qui a disparu.

davantage dans les bistrots encore villageois qui entourent la place. Il y retrouve les copains, joue au pocker, au flipper, boit pas mal, peu importe, la maison est là, à trois pas. Il y tient porte ouverte. N'importe qui peut aller chez lui, il n'y est pas toujours, mais on trouve toujours quelqu'un, des invités, des hôtes.

« Ma mère était formidable, elle m'a entretenu pratiquement jusqu'à vingt-cinq ans sans un reproche. Elle m'a élevé comme ça. Je ne fais que suivre son exemple, elle était aussi dépensière que moi. Je la crois complexée de ne jamais avoir travaillé, elle avait des idées de gauche et un passé capitaliste. Quand nous étions enfants, elle nous achetait les plus beaux vêtements. Je garde ça d'elle : au restaurant, je ne commande pas les vins les moins chers, j'invite les gens qui sont là. Tout le monde le sait, forcément ça se bouscule. »

Jérôme est amoureux d'Ilcia, Ilcia est comédienne, Jérôme crapahute dans son sillage. Le théâtre, pourquoi pas. « On peut difficilement résister à l'ambiance d'une troupe, quand on voit la manière dont vivent les gens. Ils font le plus sérieusement du monde les trucs les plus aléatoires. C'est un métier, enfin c'est l'idée que je m'en fais, où on passe plus de temps à rêver sur des projets, à en discuter au bistrot, qu'à les réaliser. Bref, je les voyais vivre de cette façon, et puis ils étaient argentins. Avec eux, je me sens mieux accepté que chez les Français. »

Il commence par tenir la batterie, puis travaille aux décors et costumes dans l'*Ubu* de Jarry, que Victor

Garcia présente au concours des Jeunes Compagnies[1] et remplace un acteur malade. Le prix est décerné à un spectacle de style brechtien. Il faut dire que le soir du concours, l'interprète de *Ubu*, le Sénégalais Douta Sek, ne dit pas grand-chose de son texte. Il reste d'ailleurs à peu près muet, et la représentation enchaîne les désastres. Les premières catastrophiques sont une spécialité de Victor Garcia, qui alors, crucifié, collé au mur, bras étendus, sanglote des larmes de vodka. Pourtant, ces premières-là, aussi cahotiques soient-elles, frappent au cœur, jettent des éclats de stupéfiante splendeur. Plus de vingt-cinq ans après cet *Ubu*, on garde en mémoire la vision d'hommes en cuissardes de caoutchouc à jarretelles, de la sombre sauvagerie du couple ridicule...

En marge des institutions, le théâtre prépare sans le savoir l'explosion de 1968. « Paris est un lieu exceptionnel de rencontres », constate Périnetti. On se trouve, on reste ensemble, on se déplace ensemble — ça revient moins cher — entre la Coupole — la vraie —, le Rosebud rue Delambre, et chez Arlette Reinerg, le dernier des « cabarets rive gauche », ultime bastion des chanteurs à guitare clamant leur détestation de la guerre. De Garcia à Savary, tout le monde y a fait le barman... On dort chez Savary quand on est trop rond pour rentrer chez soi, quand on n'a pas de chez soi. On achète de quoi se nourrir sur le compte de Copi et on va faire griller des barbecues dans l'atelier d'Alain Crombecque, rue de la Tombe-Issoire. Le samedi, on va danser à La Montagne Sainte-

1. Instauré entre 1963 et 1968. Destiné aux « jeunes compagnies » professionnelles, sélectionnées sur dossier, le prix (25 000 F) était versé en cas d'exploitation régulière.

Geneviève, caf' conc' tenu par Georgette Anys, typique lesbienne d'allure hommasse.

Un vrai caf' conc' avec une galerie en hauteur, dans laquelle s'incrustent un piano droit et une pianiste géante. Le public de base est composé d'hommes et de femmes timidement homosexuels. La grande permissivité est en vue, mais encore hors d'atteinte. À La Montagne, on a pu entendre pour la dernière fois sans doute, Lucienne Boyer en robe bleue et perruque noire chanter *Parlez-moi d'amour*. Les attractions habituelles sont des travestis amateurs en balconnet pailleté, moitié Rita Hayworth — longs gants à la Gilda — moitié Yvette Horner — coiffure crêpée à trois rouleaux et pendentifs. Rien à voir avec la sophistication du Bœuf sur le Toit et plus tard de La Grande Eugène. Ce sont des costauds culturistes, des forts des Halles — les Halles sont encore le ventre de Paris —, des camionneurs antillais en jupe composée d'écharpes superposées qu'ils font effeuiller une à une par les clients en chantant d'une voix de crooner « adieu foulard, adieu madras »...

Mais pour le plus étonnant des travestis, il faut traverser la Seine, monter jusqu'au boulevard Barbès, métro Anvers, chez Armandino, une découverte de Copi. Perruque bouclée blonde et tutu rose, avec trois lumignons placés aux seins et sur le slip, qu'il allume, Armandino chante — sans play-back — le répertoire de Mistinguett. Il passe en vedette, mais avec une belle simplicité, toujours en tutu, se met à la batterie, et le visage agité de tics, accompagne un ténor à voix, genre Luis Mariano pied-noir. À la fin de chaque numéro, chaque artiste fait la manche. Grand seigneur, Armandino passe le dernier entre les tables, ôte sa perruque, exhibe ses cheveux teints très noirs, gominés.

Il penche son torse bizarrement paraffiné, montre la photo de sa femme et de ses enfants — une habitude chez les travestis —, chausse de grosses lunettes, et s'en va compter ses sous dans un coin de son bistrot.

Seuls les étrangers dans une ville savent écouter les derniers soupirs d'une tradition, dénicher les miséreux vestiges d'un art que les autochtones croient mort depuis des lustres. Et quand ces étrangers sont argentins, ils savent exalter la poésie du mauvais goût. Jérôme Savary ne fait rien d'autre quand il reproduit la grâce des acrobates arthritiques, la noblesse des lions gâteux, la pureté d'une larme bleue sur la joue blanche d'un clown, quand il fonde le Magic Circus et ses animaux tristes.

Mais pour l'heure, il n'en est pas encore là. Il est seulement sur le chemin. Le chemin passe d'un côté par Alain Crombecque, qui dirige les activités culturelles de l'UNEF. De l'autre, par un sacré trio, les pères du mouvement Panic : Arrabal [1], Jodorowski [2], Topor [3].

TOPOR, dessinateur, écrivain, humoriste très noir

Je travaille à *Hara-Kiri* [4], je reçois un livre d'Arrabal, *L'Enterrement de la sardine* qu'il m'envoie avec admiration et sympathie. Je ne sais pas comment il est ni son âge, et je lui envoie un dessin. Ensuite,

---

1. Écrivain espagnol exilé, proche de l'esprit surréaliste ; auteur de théâtre, d'essais sur les échecs, d'une biographie de Cervantès.

2. Chilien, auteur de bandes dessinées, metteur en scène, cinéaste surréaliste.

3. D'origine hongroise, dessinateur, auteur, champion d'humour.

4. Magazine bête et méchant, précédant *Charlie-Hebdo*.

un type me téléphone, soi-disant son secrétaire — en réalité un copain à lui nommé Fedorov — et on se donne rendez-vous au Saint-Claude, boulevard Saint-Germain. On découvre qu'on a des goûts communs : *Hara-Kiri*, la science-fiction, les romans noirs, Lewis Carroll... On se dit que fonder un mouvement serait intéressant : quand on est un simple petit individu, on se trouve bien faible face à la clientèle, au public, à ceux qui représentent et gèrent tout ça. Quand un type veut faire une exposition, les gens peuvent lui refuser, dire que non, ils n'aiment pas. S'ils ont affaire à un groupe, ils ont davantage peur de se tromper. Donc, nous élaborons le projet, mais comme nous sommes contre tout mouvement, celui-ci sera faux. Sera un « non-mouvement ». On veut même déposer chez notaire ou huissier la preuve de sa non-existence, et puis c'est trop compliqué.

À ce moment, on rencontre Jodorowski. Il arrive du Mexique pour mettre en scène Les Garçons de la rue, Les Trois Ménestrels [1], je ne sais plus. Au Mexique, il a monté *Fando et Lys* d'Arrabal. Il travaille dans la bande dessinée. C'est lui qui trouve le nom : Panic. Le mot vaut bien un manifeste. Pour les uns il évoque la terreur, pour les autres le dieu Pan, le grand tout, le rire panic, les fêtes panic... Ce mot, c'est bien, il est libre, il laisse libre, on peut le charger de ce que l'on veut.

Avec Panic, nous essayons de mettre sur pied un programme, suffisamment flou pour ne pas être acculé à le suivre, mais pas trop tarte, pour qu'il se maintienne harmonieusement tout en favorisant nos épanouissements respectifs. Ensuite, comme de juste, nous cherchons quelques compagnons de route, des types marrants sans nous laisser piéger, c'est-à-dire

1. Groupe musical choral.

sans oublier qu'il s'agit d'un faux mouvement... Seulement, les gens y croient. Ils ont envie d'y croire, si bien que le mot finit par leur appartenir. On a l'impression de saboter quelque chose qui appartient à la communauté si on dit que ce n'est rien. En fin de compte, on a ressenti l'air du temps, précédé la mode de la dérision, des machines à sous, de la BD, du mauvais goût... C'est là que Jérôme Savary arrive.

Jérôme Savary trouve sa famille chez ces allumés du calembour, de la blague rhétorique, chez ces intellectuels de la dérision, du morbide, de la transgression potache, du sacrilège malicieux, enfants des dadaïstes et du groupe Fluxus [1]. Il entre dans la mouvance Panic, grâce aux romans-photos qu'il réalise pour se faire un peu d'argent. Ses interprètes sont principalement lui-même, Arrabal, Jodorowski, Sabine, sa nouvelle femme, dont il est tombé amoureux en vacances à Ibiza chez Copi. Elle sait très bien nager, Ilcia ne sait pas. Fendant les vagues, Jérôme poursuit la naïade et laisse sa Didon sur le sable. Il n'en est pas follement fier, mais ne se ronge pas de remords. « Je suis marié, et ça ne va pas, elle est trop jalouse. Elle a gâché ma première interview. C'est important la première interview. Qui, en plus, doit passer dans *Elle*, et si je me souviens bien, avec une petite photo. Je donne rendez-vous à la journaliste à la Contrescarpe, je commence à baratiner, puis voilà Ilcia qui descend pratiquement avec le rouleau à pâtisserie, entame une scène de ménage, hurle : "Qu'est-ce que c'est cette poufiasse ?". Là, je sens que ce n'est plus possible.

1. Groupe d'artistes plasticiens, dont Ben, entre dada et l'op' art. A connu son apogée dans les années 50.

Le jour où je lui annonce que je pars, elle me regarde, j'en ai eu froid dans le dos. Et puis voilà je pars, et elle se remarie. »

4

Le 24 mai 1965, au cours du festival de happenings organisé par Jean-Jacques Lebel — héritier des fusils du même nom, groupie et intermédiaire du Living Theatre — les Panics présentent au Centre Américain un spectacle en trois parties, *Cérémonie de la femme nouvelle* de Topor, *Les Amours impossibles* d'Arrabal, *Auto sacramental* de Jodorowski. « Il ouvre une boîte d'où s'échappent cinquante pigeons, puis il décapite une oie vivante qui se vide peu à peu de son sang » écrit Arrabal...

« Nous appelons ça : le Groupe Panic présente sa troupe d'éléphants, se souvient Jodorowski. Il n'y a pas d'éléphants. Arrabal me donne une pièce courte, Topor quelques dessins. Je me retrouve avec Olivier O. Olivier, un peintre très riche. Moi aussi j'ai beaucoup d'argent. J'ai prévenu Lebel : ce que vous faites n'est rien. Vous êtes des clochards et moi Cecil B. de Mille. Il a été tellement jaloux qu'il a effacé toute trace de ce moment. Mais on ne peut pas cacher le soleil avec un doigt... »

La bande des Argentins — y compris Jorge Lavelli qui se méfie de l'improvisation comme de la peste, mais s'y essaie par goût du défi et du jeu — se lance donc dans le happening. Britanniques et Américains s'en disputent la paternité. La mode nous vient de l'underground new-yorkais affolé d'aléatoire, de pop art, de rock sulfureux, de décadence wahrolienne. Le monde occidental est en plein baby boom et boom économique. Tandis que la variété française s'écroule sous la vague yéyé et que sur les écrans la Nouvelle Vague s'institutionnalise, on conteste la société de consommation, on choisit son camp, celui du black ou du flower power. Déformées par la « société du spectacle », la réalité, l'urgence des luttes et des refus se perdent. Mais les États-Unis-gendarmes du monde, ayant raté leur raid sur Cuba, combattent le communisme au Viêt-nam. Les enfants de Kennedy jouent les anges libérateurs, ceux de Kerouac [1] s'en vont sur les routes des paradis artificiels. Attention, il n'est plus question de plaisir, mais de connaissance. Il s'agit de voyager, par l'intermédiaire de différentes substances, d'atteindre la « sur-conscience, d'aller au-delà des coins », pour acquérir la force de se révolter efficacement contre la société.

C'est ainsi que Julian Beck, fondateur avec sa femme, Judith Malina, du Living Theatre, tribu errante venue de New York, déclare : « Je vois de sérieuses preuves de la puissance révélatrice et de l'utilité des psychovitamines pour la libération de l'homme, dans le fait qu'elles sont tant combattues par l'État et la classe dominante. Quand on consacre sa vie à la réa-

1. Poète, fondateur de la « beat generation », grand voyageur sur toutes les routes.

lisation de l'individu et de la collectivité, il est nécessaire d'explorer toutes les possibilités, car un examen détaillé de la civilisation qui nous entoure révèle une image extrêmement proche de la prison (...) L'expérience des psychovitamines permet à l'esprit atrophié de commencer à voir, à vibrer (...) de muter les rapports entre les choses, de changer les équilibres. Et c'est cela précisément que les puissances qui régissent la société veulent empêcher (...) c'est cela qui leur est intolérable et donc tabou, parce que dès que l'on entre en contact avec ces zones de l'esprit, il devient impossible de participer totalement à la société telle qu'elle est, répressive [1]... »

La grande différence, on peut même dire le gouffre, qui sépare les happenings du Centre Américain et ceux des artistes américains — pourtant classés les uns et les autres comme des enfants d'Antonin Artaud [2], de son théâtre de la cruauté — c'est que les premiers n'oublient pas la dimension du jeu, la distance de l'humour. Même quand ils se mettent en danger, comme des gosses malappris courant au bord des toits, ils cherchent l'exaltation du moment — « psychovitamines » en renfort —, rien d'autre. Les seconds se sentent investis d'une mission. Changer le monde, l'individu. D'abord, arrêter la guerre du Viêt-nam. Le Living, qui depuis une dizaine d'années monte Genet, Brecht, Lorca, Gertrud Stein, Picasso et quelques autres auteurs sans lien avec Broadway, dans une petite salle new-yorkaise, le Cherry Lane, participe

1. *Entretiens avec Julian Beck et Judith Malina*, par Jean-Jacques Lebel, éditions Pierre Belfond, 1969.

2. Auteur d'essais sur le théâtre sacré, sur le théâtre de la cruauté ; a pratiqué les expériences extrêmes.

aux manifestations pacifistes. Judith Malina se fait tabasser.

À plusieurs reprises les Beck sont emprisonnés, pour désobéissance civile, et en tant qu'organisateurs de la grève générale pour la paix. Les impôts saisissent tous les biens du groupe qui doit à la redoutable administration 28 435 dollars, 10 cents. Il ne reste d'autre solution que l'exil. En 1964, la tribu traverse l'Atlantique, et c'est l'événement le plus important pour l'évolution du théâtre en Europe occidentale.

Le Living a déjà présenté au Théâtre des Nations des spectacles simples, d'un vérisme appuyé, sur des thèmes extrêmement durs. *Connection* : des camés en manque attendent leur fournisseur. *The Brigg* : l'application d'une peine disciplinaire en cours chez les marines en Corée, qui consiste à brailler le règlement, à se laisser enfermer dans des lessiveuses sur lesquelles d'autres détenus tapent comme des sourds. Un soir sur deux, les acteurs échangent leurs rôles. Plus exactement leur fonction. On ne joue pas, on agit.

En exil européen, le Living forme une société expérimentale anarchiste non violente, une communauté qui vit — essaie de vivre — la pleine liberté égalitaire, sexuelle, qui refuse toute notion de propriété, met en commun l'argent — puisque telle est la société qu'on ne peut s'en passer — et compte bien servir de modèle universel. Théâtre et chamanisme, théâtre et folie sont dans l'air du temps, mais tout de même, quand la tribu présente ses *Mysteries*, plus *La Peste* à l'Odéon, quand après quelques exercices vocaux à bouche fermée, au centre d'un cercle de bougies, Julian Beck psalmodie « Peace now, Freedom now », le public très bourgeois-libéral s'agite. Quand, dans *La Peste*, les acteurs se couchent en tas les uns sur les autres, invitent les spectateurs à les rejoindre, c'est le chahut. « Vive Madeleine Renaud, vive Maria Casarès » crie quelqu'un... À la fin de la représentation, la bande à Marc'O[1] (Bulle Ogier, Jean-Pierre Kalfon, Michèle Moretti, Pierre Clémenti) invite les Américains à son propre spectacle, *Les Idoles*, satire anti-yéyé qui ce soir-là, en l'honneur des hôtes manifestement déconcertés, se transforme en happening psychotique.

Avec le recul, l'action du Living peut sembler ridicule, et justement, la force de la tribu est sa totale indifférence au ridicule. Ses membres se baladent dans des oripeaux hippy, plus proches du folklore amérindien que des krishnas, portent de hauts colliers de miroirs, des vestes à franges, des tee-shirts et des jeans brodés, brochés, incrustés de bijoux, exposent des peintures puériles « faites sous LSD »... Ils vivent leur rêve avec une évidente sincérité, persuadés d'être dans le vrai, dans l'unique vérité révélée. « Planez, planez », recommanderont-ils plus tard, à Avignon, en 1968, dans leur spectacle-manifeste, leur chant du cygne, *Paradise now*. Mais aussi persuadés soient-ils, ils ne se montreraient pas tellement persuasifs s'ils étaient mauvais acteurs.

En vérité, cette troupe-tribu est composée de géants magnifiques capables de faire accepter n'importe quoi. On le constate en 1967 au Sigma de Bordeaux, quand ils accomplissent un stupéfiant numéro de non-violence sous forme de sitting, qui sauve d'une totale destruction le spectacle de Sylvano Bussotti[2], *La Pas-*

1. Homme de théâtre, a tenté de mettre en pratique un système anti-institutionnel selon les principes du off off Broadway. Travaille à présent principalement en Italie.

2. Compositeur italien, personnage extravagant.

sion selon Sade, mis à sac par de jeunes fachos énervés. Le Living concentre sur lui des espoirs mal définis, anéantit bien des barrières, balaie bien des habitudes. Il veut créer un spectateur actif et non plus consommateur, lui demande naïvement de venir sur scène se mêler aux expériences sensorielles et mentales — attouchements les yeux fermés — des acteurs. Autant d'utopies vite remisées, mais ce qui reste, parfaitement intégré dans les mentalités, est un autre rapport de l'acteur à son art, une autre façon de regarder, de recevoir le théâtre. Et finalement, c'est le théâtre qui gagne.

Avec les Argentins — le terme définit un esprit plus qu'une nationalité — la gagnante, c'est la fête, l'insolente désinvolture de seigneurs détachés de ce qui fait souffrir les Américains. Pacifistes, la plupart le sont, mais n'en font pas un thème dramatique. Eux qui, déjà, se méfient des chemins tracés, des « mouvements », des groupes, observent le Living comme une peuplade d'extra-terrestres illuminés, admirent parfois leur charisme, souvent l'évidence de leurs audaces scéniques, mais pour le reste, notamment les ambitions messianiques, ils les ignorent tout simplement.

« L'époque est franchement morose, se souvient Topor avec une mauvaise foi assumée. Alors, l'intérêt de se retrouver à plusieurs, ce n'est pas tellement l'illustration d'une thèse ou d'un manifeste, mais une façon de lutter contre le conformisme, contre la tristesse ambiante. Rien n'est exaltant, ni de Gaulle ni le tribunal anti-nucléaire Sartre-Russell. Et puis, j'ai toujours préféré mon actualité personnelle à celle qui atteint tout le monde... En dehors des rigolos que je connais, c'est le vide. D'ailleurs, si on a fait *Hara-Kiri*, dont je suis très vite parti, c'est que aucun journal n'a voulu de nous. J'ai une théorie : Paris est un hologramme. Comme le Festival de Cannes. De loin, ça existe, mais une fois qu'on y est, on ne voit plus rien, il n'y a plus rien à voir. Tout est bidon. Tout est mort. On vous raconte que naguère c'était mieux, il y avait des bistrots, des gens. Rien n'est plus là. Voilà pourquoi nous décidons de rire. »

Topor, Garcia, Copi, Jérôme font partie des gens qui courent devant la mort. L'éphémère de la création théâtrale les rassure dans la mesure où c'est la mort qui est mise en scène, apprivoisée, contrôlée. Les happenings argentins tournent joyeusement autour de la camarde, pour la séduire, lui offrant des éclats de vie, des signes d'amour, des propositions inattendues. « Si je donne un spectacle, j'aurais pu aussi bien ne pas donner de spectacle. Le rideau s'ouvrira, il aurait pu ne pas s'ouvrir. Je pourrais vous montrer pendant une heure une allumette. Je pourrais vous emmener dans un autre théâtre voir jouer *Patate* de Marcel Achard. Je pourrais, bien ou mal, refaire un happening de Jean-Jacques Lebel. Je pourrais ne rien faire... » écrit Ben [1].

Plus proches de ses paradoxes flegmatiques que du prosélytisme quasi religieux des livingists — comme on nomme les innombrables et souvent pauvres suiveurs de Beck et Malina — les Argentins du Centre Américain dérangent, secouent et fascinent parce qu'ils osent sans alibi politique, sans agiter la moindre bannière — blasphème ! — proclamer leur amour de l'art et puis s'en moquer. Loin du puritanisme américain et de ses effets pervers, ils magnifient la sexualité en exposant des nudités glorieuses, qu'ils conduisent dans des situations grotesques : pourtant elles

---

1. *Le Panique*, par Arrabal, 10/18, 1973.

restent ce qu'elles sont, belles et fragiles, troublantes. Ils les plongent dans des actions grand-guignolesques, dans le sang et les viscères, jusqu'à la nausée : pourtant ces visions barbares dégagent une fameuse gaieté, un grand souffle de vitalité.

Dans son livre *La Vie privée d'un magicien ordinaire* Savary raconte : « Jodorowski annonça une série de cinq happenings qui devaient aller crescendo jusqu'à un final jamais égalé auparavant (...) À la veille du dernier, il annonça par voie de presse son intention de se suicider en public... Bien entendu, nous nous sommes précipités au Centre Américain, avec Topor et Arrabal (...) Martine Barrat, les seins à l'air, se roulait dans les flopées de sang et de cervelles d'agneaux égorgés. Jodorowski, superbe, entièrement nu, front large et regard fiévreux, apparut dans un faisceau de poursuites croisées. Tel Jésus au Mont des Oliviers, il était crucifié, et tenait dans sa main deux énormes clous en mousse badigeonnés d'hémoglobine. Et puis soudain, rideau, le happening était fini. Déçu, le public criait "remboursez"... »

La mémoire de Jérôme, le grand fabulateur, n'a pas une précision d'ordinateur mais il donne la vérité de la représentation quand il poursuit : « Dans le fond, le vrai sens du happening réside justement dans cette farce, dans cette tromperie. »

La farce, l'artifice, l'artificiel, c'est le seul mot d'ordre d'un théâtre qui cherche à déstabiliser le confort intellectuel des spectateurs plus qu'à éveiller leur conscience. « Nous faisons du théâtre une fête, une cérémonie d'une ordonnance rigoureuse. La tragédie et le guignol, la poésie et la vulgarité, la comédie et le mélodrame, l'amour et l'érotisme, le happening et la théorie des ensembles, le mauvais goût et le raffinement esthétique, le sacrilège et le sacré, la mise à mort et l'exaltation de la vie, le sordide et le sublime s'insèrent tout naturellement[1]. »

Pour simplifier, on dit Jérôme Savary « baroque ». Et c'est vrai, dans le récit comme dans l'esthétique, il fréquente rarement la ligne droite, s'enrichit d'oripeaux clinquants, se masque, se grime, entremêle des éléments disparates. Il ne s'agit pas même d'une réaction contre le clacissisme français, ou le réalisme brechtien. C'est tout bonnement le profond amour du spectacle. L'amour du ludique. Tout passe par le jeu. Sans jouer le formalisme, l'émotion passe par le choc des couleurs, par les images et leur climat, les souvenirs qu'elles font revivre. Quelque chose de l'enfance, un monde de sensations. Le monde de Jérôme Savary.

« Jérôme Savary n'est peut-être pas le meilleur des metteurs en scène, mais comme homme de spectacle, il est fabuleux », dit de lui Alain Crombecque ; et avec lui tous ceux qui, de France en Allemagne, d'Italie en Espagne, se laissent séduire par le charme naïf et roublard de ses spectacles.

---

1. *Les Cahiers d'Arrabal*, éditions Bourgois.

5

Jérôme fonde sa compagnie. Remplacer un acteur, jouer de la batterie ou de la trompette, dessiner des costumes pour Jean-Marie Serreau [1], ça va un temps. Jérôme n'a pas le goût de rester au second plan. Par volonté de puissance normale chez un macho plus argentin que les vrais, avant tout parce qu'il ne supporte pas et ne supportera jamais de devoir obéir. Il préfère donner des ordres. La discipline le rend malade, lui rappelle l'école, le service militaire et le plonge dans un noir cafard.

Donc ayant débauché Ilcia de chez Victor Garcia, Jérôme rameute quelques assidus de la Contrescarpe, va en chercher d'autres dans les boîtes latino qui prolifèrent au carrefour Odéon, baratine les vieux copains des Beaux-Arts, dont Michou, alors décorateur dans une entreprise de chauffage au mazout. Il s'y occupe

1. Metteur en scène, découvreur de textes, chantre des artistes francophones. Le premier à avoir monté en France Aimé Césaire et Brecht.

des stands et s'ennuie beaucoup. Mais récupère du matériel, des cartons avec lesquels il fabrique le décor du premier spectacle, *Les Boîtes* et *L'Invasion du vert olive*, deux courtes pièces, fortement influencées par Beckett pour la première, par Ionesco pour la seconde. Jérôme les a écrites pendant son stage à l'Université du Théâtre des Nations.

La compagnie comprend une bonne vingtaine de membres, ce qui est fou, ingérable, même avec des subventions, et là, il n'y a rien, pas un franc. Il n'y a pas de nom connu, et l'époque a beau miser principalement sur tout ce qui touche à la « jeunesse » comme valeur marchande et consommatrice, il ne suffit pas d'être jeune pour attirer les foules. À peu près dans le même temps, Patrice Chéreau et Jean-Pierre Vincent[1] fondent eux aussi leur compagnie, mais dans le cadre du lycée Louis-le-Grand et avec un statut universitaire. À leur premier spectacle (semi) professionnel *L'Affaire de la rue de Lourcine*, ils ont déjà une réputation dans le milieu théâtre, la presse se dérange aux Trois Baudets[2].

Même situation pour Ariane Mnouchkine qui n'a pas encore fondé le Théâtre du Soleil, et sort la troupe de la Sorbonne pour monter *Les Petits Bourgeois* de Gorki. Les acteurs gagnent leur vie en exerçant des

1. Ils ont fondé ensemble une compagnie, obtenu le prix au concours des Jeunes Compagnies, se sont installés à Sartrouville, se sont séparés. Jean-Pierre Vincent est devenu directeur du Théâtre national de Strasbourg, administrateur général de la Comédie-Française, a succédé à Patrice Chéreau au Théâtre des Amandiers. Patrice Chéreau est le plus mondialement connu des metteurs en scène français.

2. Cabaret de chansonniers reconverti brièvement en théâtre d'essai.

petits métiers dans la journée. Le système est imité du off off Broadway. On le pratique depuis toujours, à présent il est codifié. Les « jeunes compagnies » commencent à se former un peu partout, le théâtre universitaire en France comme en Amérique Latine est florissant, inventif. Pas pour des raisons politiques, simplement parce que la « jeunesse » ce n'est pas seulement les yéyés, c'est aussi les étudiants — qui bientôt feront plus de bruit que les autres...

Jérôme, lui, constitue sa compagnie en association loi 1901, la plus simple, la plus floue, et qui oblige à réinvestir les « bénéfices »... Les comédiens acceptent d'être payés à la recette, autant dire pas du tout. À supposer qu'il y ait des recettes, elles serviraient d'abord à la location du théâtre en état de marche. Le théâtre est une minuscule salle à Pigalle, la Comédie de Paris. Comment Jérôme parvient-il à convaincre son monde ? C'est ce qu'on appelle le charisme des chefs. Et puis, révolutionnaire, cérémonial, sacré, militant, didactique, collectif, le théâtre fait chic. Chez Savary, on ne se cherche pas d'étiquette, tout le monde fait tout, décors, costumes, technique. Tout le monde est sur scène, tout le monde joue.

MICHOU

On joue devant des fauteuils vides. On n'a pas un sou. Un dimanche, alors qu'on est seize ou dix-sept sur scène, dans la salle il y a les deux concierges du théâtre. Il faut avoir vécu ça, c'est grandiose. On ne sait plus où on en est, il y a un côté surréaliste fascinant. Le théâtre sert à tout. Une fois c'est à une expérience en asile psychiatrique qu'on nous demande de participer, avec *Les Boîtes*. On ne comprend rien : le langage des malades et des psy est apparemment banal, et totalement troublant. Les malades ne communiquent pas, on ne se rend pas compte de leur délire jusqu'au moment où ils sont en plein dedans. D'un coup, on les entend déraper. Les médecins essaient d'établir un dialogue par le biais du spectacle, mais à ce moment-là, personne n'est plus d'accord. On se trouve au centre d'altercations dont on ne saisit ni les tenants ni les aboutissants. Bon, on leur présente *Les Boîtes*, une sorte de paraphrase de *Fin de partie*, quelque chose de très beckettien sur l'enfermement, c'est intéressant pour eux.

Une autre fois, les mêmes psy nous demandent de jouer pour des enfants, ça c'est vraiment agréable. Mais enfin, on est obligés de travailler en plus pour gagner à peu près de quoi vivre. Le seul critique qui est venu aime notre spectacle. Ce n'est pas suffisant. On fabrique des affiches qu'on colle, des tracts qu'on distribue, des invitations dont on arrose le quartier. Mais un bide est un bide et rien ne sert à rien. On devient furieux parce que pendant ce temps Arrabal, Ben, Jodorowski font le plein au Centre Américain. Pour dire vrai, on crève de jalousie. Avec sa grande gueule et son sens de la provocation Jérôme décide d'aller mettre un peu de bordel. On n'est pas très chauds, mais on y va à deux reprises, avec des pancartes. À l'époque, ça se pratique : l'intervention. On conteste la structure du happening. Pourquoi pas...

Pourquoi pas en effet. L'important est ailleurs : Jérôme a un spectacle prêt et il se trouve que quelqu'un va en avoir besoin : Alain Crombecque, grand ami de Copi, vice-président de l'UNEF, et en tant que tel, organisateur d'un festival qui se tient chaque année dans une ville différente. En 1966, c'est à Paris. Les syndicats universitaires gardent l'influence et le prestige acquis pendant la guerre d'Algérie. Leurs délégués parcourent le monde, reçus par leurs homologues. Alain Crombecque revient de la Chine en pleine révolution culturelle. Il en a ramené un spectacle des gardes rouges. *La Fille aux cheveux blancs*, ballet allégorique où l'on voit les vaillants soldats et soldates — sans tutu mais sur pointe, dans le plus pur style Bolchoï — combattre victorieusement les forces de la réaction, lutter contre les éléments hostiles — la neige qui tombe est figurée par un tournoiement de points lumineux — puis avancer en ligne vers le public, tandis qu'au fond le soleil se lève en même temps qu'apparaît le visage souriant de Mao. Quand on pense à l'intellectualisme exacerbé des maoïstes occidentaux de l'époque, c'est encore plus drôle.

Un chapiteau est dressé en face de chez Jean Vilar, rue de l'Estrapade. Tout près de la Contrescarpe, à laquelle on a dû renoncer à cause des arbres. « Un petit chapiteau un peu miteux, explique Jean-Jacques Hocquart (chargé des affaires culturelles de l'UNEF), monté sur des portants de guingois piqués à droite et à gauche, couverts de bâches de plusieurs couleurs, également prises un peu partout. La scène est un simple podium, mais le festival marche du feu de Dieu, le public stupéfait découvre les Chinois. Les Chinois sont proches de l'infarctus. Mais comme pour eux nous représentons l'avant-garde révolutionnaire, ils ne disent rien. »

Les Chinois — traditionnellement pudiques et Mao n'a rien arrangé — sont bouleversés car avant eux passe un défilé Paco Rabane, au sommet de son style : les mannequins lourdement maquillés — fond de teint ocre, eye-liner à la Cléopâtre, lèvres beiges —, portent des perruques mauves, des minirobes de métal travaillé comme de la dentelle, sous lesquelles elles sont nues. Le choc est rude. Entre les enfants de Marx et la mode, il y a *Les Boîtes.* « Un amoncellement de boîtes d'où sortent les comédiens. Le tout dans un vacarme assourdissant de percussions afro-cubaines, de hurlements, des caquètements de poules, car dès ce premier spectacle, j'emploie des animaux, tradition que je perpétue... » écrit Jérôme Savary [1].

Le festival marque les prémices d'une collaboration, qui prendra effet un peu plus tard, entre Jérôme et Alain Crombecque. Crombecque ne passe pas son temps à lire le petit livre rouge. De La Coupole au Nuage, du Romano — bistrot calamiteux qui organise des crochets — à la Montagne Sainte-Geneviève, il hume avec délice les parfums de la décadence. Extraordinairement silencieux, et même énigmatique, il tranche sur la faconde des habitants de la Contrescarpe. Il apparaît soudain au moment où on a besoin de lui. On a souvent besoin de lui car il est compétent dans beaucoup de domaines. Aussi discret qu'efficace, il donne l'impression de connaître tout le monde. Il travaille avec Jean-Jacques Hocquart à une revue, *Calliope*, qui aura deux numéros, et parmi les signatures, celle de Serge July [2]. Cette période de l'UNEF met Crombecque en contact avec tout ce qui, après 1968, composera le nouvel establishment. Et comme il est d'une loyauté stricte, il a de vrais amis. Dont Jérôme, avec des hauts et des bas, mais une connivence inaltérable.

Pour l'heure, Jérôme paie ses dettes de théâtre grâce à l'aide de sa mère, et gagne son quotidien comme

1. *La Vie privée d'un magicien ordinaire*, Ramsay, 1985.
2. Fondateur et directeur du quotidien *Libération*.

barman. « Une expérience utile, prétend Topor, pour la manière de contrôler le public, de maintenir un spectacle en fonction des vibrations. Jérôme est capable de rattraper une représentation en train de mollir, il reprend à la force du poignet, électrise les acteurs et les spectateurs... »

« Je ne suis pas un comédien, reconnaît Jérôme, j'ai du mal avec les textes écrits, même les miens sur lesquels j'improvise. Je suis une sorte d'entertainer, de Monsieur Loyal, de Jean-Marie Rivière (longtemps meneur de revues à l'Alcazar) du théâtre. On m'a souvent proposé des rôles, en particulier en Italie au cinéma. Fellini m'a demandé, mais le cinéma ne laisse aucune liberté, ça me fait peur. »

En espagnol, Jérôme se sent moins brimé, il participe comme comédien aux spectacles, aux trois quarts improvisés et complètement loufoques, que Copi donne le dimanche après-midi au Plaisance, petite salle dans la rue du même nom — évidemment disparue depuis — dirigée par Jean-Jacques Aslanian, qui essaie en vain de joindre les deux bouts. Quelques années plus tard, Rita Renoir, ex star du strip-tease au Crazy Horse Saloon, toujours belle et devenue actrice, y donnera son sulfureux spectacle *Le Diable* — qui fait le plein tous les soirs. Jean-Pierre Bisson, alors auteur et metteur en scène plus encore qu'acteur, y fera ses débuts devant des fauteuils vides. C'est le sort des débutants, et c'est à quoi servent les petites salles. Mais alors, elles ne peuvent survivre. Si elles sont subventionnées, si elles sont attelées « pour les auteurs contemporains et les expériences » aux institutions, elles sont soumises aux contraintes d'une programmation fixe, sans aucune souplesse de calendrier, sans disponibilité pour une éventuelle surprise. Ce sont des « secondes salles », pas des lieux de découverte.

C'est au Plaisance, en 1986, que Jérôme met en scène *Le Labyrinthe*. Arrabal, enchanté par la liberté et le désordre des *Boîtes* lui a confié sa pièce. Arrabal est une star de la marginalité triomphante. Il impose son personnage de poète joueur d'échecs, insolite, tendre et sadique, malicieusement sacrilège. Il impose l'acuité, le lyrisme de son écriture. Il impose son théâtre, ses personnages d'enfants qui s'aiment, de mères castratrices, ses images de pureté... Certains — public et critiques — ne supportent pas ses provocations, à vrai dire puériles, et ne voient qu'elles. Les mêmes ne supportent pas le spectacle de Savary. Mais ils viennent, et ça fait du bruit. Jérôme a écrit trois livres sur sa vie et ses aventures, et dans tous a cité l'article de Jean Dutourd (critique à *France-Soir*) qui démolit le spectacle en se contentant de le décrire à sa manière.

Jérôme-la-grande-gueule est vulnérable. Bien sûr, il voudrait que tout le monde l'aime, et l'aime à travers ses spectacles. Personne n'est heureux des mauvaises critiques — tous les lisent, quoi qu'ils disent. À lui, elles font très mal. Elles le mettent au bord de la névrose. Il se sent plus que nié, il se sent bafoué, mis en doute, rejeté, pauvre exilé parlant une langue que personne ne comprend. Pire, il ressent l'angoisse schizophrène de penser une chose, d'en dire une autre et d'en faire entendre une troisième. Ils sont tous comme ça. Jérôme plus que les autres, qui caracole dans le peloton de tête des fébriles-agressifs.

On dit que les perpétuels insatisfaits affectifs ont vécu une enfance privée de tendresse. Ou étouffée par la tendresse. Sur ce sujet, les souvenirs de Jérôme sont contradictoires : soit il décrit sa mère comme une femme rigoureuse, qui devait se montrer sévère pour élever convenablement ses trois garçons. Soit comme une femme généreuse, qui l'a d'autant plus chéri et câliné, qu'il était le petit dernier. De temps en temps, il met en avant sa condition d'enfant du divorce. Il parle de son père comme d'un séduisant irresponsable, ou se plaint de l'avoir à peine connu. Quant à ses frères aînés, dont l'un, qui habitait New York, est mort à cinquante ans du sida, il prétend ne pas les avoir beaucoup fréquentés. C'est sans doute exact. Une chose est sûre : Jérôme est un insatiable, un goulu, un exigeant qui, jamais n'aura assez d'amour et de ses preuves, jamais assez de travail, d'argent, d'enfants... De cet inextinguible appétit vient sa vitalité généreuse.

Jérôme renâcle et fulmine pour un article, alors qu'il est entré d'un coup dans la cour des grands. Les grands qui bourdonnent autour de l'institution la contestent, la question étant de décider s'ils la détruiront ou la changeront de l'intérieur. Il arrive que l'institution les invite pour les montrer à leur public ces animaux étranges, censés représenter le diable ou le salut, c'est selon. À Caen, dans sa « maison de la culture en préfiguration », elle-même marginalisée par une municipalité qui entend contrôler ce qu'elle finance, le directeur Jo Tréhar invite le Living avec *Frankenstein*. Autour, il organise des débats, panacée du théâtre populaire, menés par Antoine Vitez alors très loin de ce qu'il est devenu. Y participent des gens hors institution, mais qui appartiennent en plein à l'establishment, tels Peter Brook qui n'a pas encore investi les Bouffes du Nord, Jorge Lavelli qui vient d'introduire Arrabal dans le circuit privé, en mettant en scène au Montparnasse, *L'Architecte* et *L'Empereur d'Assyrie*.

Jérôme Savary...

« L'audace » de Tréhar ne va pas jusqu'à inviter Arrabal lui-même, ni Savary, probablement jugés peu fiables, capables de choquer gravement un public difficile à fidéliser, et qui a une idée bien arrêtée de ce qu'on lui doit. De toute façon, le message du Living tombe à plat. Mais au moins les spectateurs s'amusent de ces hallucinés qui construisent une charpente de tubulures pendant toute la représentaion.

Un joint, fumé en démonstration par Jean-Jacques Lebel au cours de l'un des débats, déclenche un scandale — on peut mesurer le chemin parcouru depuis 1968. Le courant ne passe pas entre le public et les gens censés lui parler. Chacun reste sur sa planète, personne n'a rien à se dire. Personne ne veut rien entendre. Le temps n'est pas encore venu du consensus, et pour les « marginaux », s'offrent d'autres occasions en d'autres lieux de se rencontrer et de se faire connaître.

6

Flou esthétique, sclérose idéologique, l'establishment se lézarde, se désagrège. La vie est ailleurs, aux Festivals de Royan pour la musique, d'Hyères pour le cinéma, de Nancy pour le théâtre, au Sigma de Bordeaux qui réunit le tout. Et il y en a d'autres, en France, en Allemagne, en Italie, en Grande-Bretagne, et à New York... des endroits où les mots « jeune », « contemporain » sont des passeports. Les productions se démarquent du commercial et des soucis de clarté, parlent moins à la raison qu'à l'émotion, à l'instinct, au subconscient, et en arrivent à sombrer dans un ésotérisme pâteux. C'est sur ce point que tous sont attaqués. Y compris Arrabal, Garcia, y compris Jérôme, avec en plus l'accusation de vulgarité scatologique, et d'obscénité : l'élément essentiel du décor pour *Le Labyrinthe* est un siège de WC, Ilcia y apparaît torse nu et le protagoniste masculin, nu complètement. La nudité masculine sur scène est l'un des musts de la transgression.

En France, en dehors du concours des jeunes

compagnies, la Biennale de Paris, avec le concours de l'ORTF, élargit ses activités. Les metteurs en scène de moins de trente-cinq ans sont invités à créer en toute liberté. Les seules limites sont financières. Du côté des Argentins, Jorge Lavelli présente la pièce d'un auteur yougoslave — une paraphrase de *Godot* — qui ne laisse pas un souvenir frappant. Victor Garcia, en revanche, pose des hommes (nus) sur un plancher (nu) et les entoure de motards. Flamboyante simplicité pour les *Autosacramentales* de Calderon.

Et c'est par Jérôme qu'en 1967 le scandale arrive. Il propose un *Radeau de la Méduse*, donné au Studio des Champs-Élysées. La scène est petite, la salle aussi, avec un balcon. Entre balcon et cadre de scène, est accroché un filet, suspendu au-dessus des fauteuils d'orchestre. Il figure la mer où les naufragés vont se jeter et se noyer, quand ils en auront assez de se dévorer les uns les autres. La fin est censée arriver lorsque le dernier spectateur en aura, lui aussi, assez. Un type de provocation couramment pratiqué par le Living, lequel n'a d'ailleurs jamais réussi à vider complètement une salle avant que les acteurs eux-mêmes se lassent.

Première représentation : le public abasourdi écoute les vociférations de Jérôme, braillant dans un porte-voix, trônant au milieu d'un magma de corps qui se tordent, de volailles traumatisées, de morceaux de viande sanguinolante. Il apparaît que le spectacle pratique l'aléatoire le plus pur, que les comédiens se débrouillent en suivant comme ils peuvent les indications improvisées par Jérôme. Une sorte de canevas a été mis au point, mais personne n'a prévu ce qui arrive : à peine les premiers naufragés se jettent-ils dans « la mer », que le vieux balcon écaillé auquel reste accroché le filet fait entendre d'inquiétants craquements et commence à se disloquer. Dessous, les spectateurs de l'orchestre se tiennent cois, craignant de recevoir les acteurs sur la tête, osant à peine respirer, comme si le moindre souffle pouvait précipiter la catastrophe. Jérôme récupère la situation en ordonnant aux « noyés » de se maintenir en équilibre sur l'océan déchaîné, de ne pas faire un mouvement...

Et la représentation se poursuit. Peu à peu les spectateurs se détendent, s'en vont l'un après l'autre en douceur. Là, il n'est pas question de mettre le mot fin avant le départ du dernier, car toute une installation est nécessaire pour sauver les malheureux pris au filet. Ceux qui ont assisté à l'incroyable en parlent. On en parle beaucoup, l'histoire tourne à la légende. L'aventure prouve que Jérôme a l'étoffe d'une star — ce dont il ne doute pas. Il devient une sorte de modèle : le type qui ose tout et tire parti de tout. De l'audace, encore de l'audace, toujours de l'audace, l'époque aime ça.

En 1967, Patrice Chéreau obtient le prix au concours des Jeunes Compagnies avec une pièce de Lenz, *Les Soldats* ; il a vingt-trois ans... Symbole de la jeunesse dynamique et iconoclaste, Jérôme est personnellement sollicité de toutes parts, sans que la situation de sa compagnie s'améliore. On lui demande parfois d'exposer ses théories — comme s'il en avait jamais eu ! — on ne lui propose pas de produire ses spectacles. Il a repris *Le Labyrinthe* au Sorano de Vincennes, maison des jeunes dont les activités tournent autour d'une salle de théâtre convenablement aménagée, l'a joué au Festival de Francfort — le Nancy allemand. Et plus rien.

Il est invité à Knokke-le-Zoute, pour un festival qui

a lieu tous les quatre ans entre le 25 et le 31 décembre, et qui, en 1967 est consacré à l'underground sous toutes ses formes. L'underground désigne des façons de faire et de produire souterraines dans le sens où les produits sont à la marge de la marge, éphémères, expérimentaux, dans les mouvances surréalistes, dadaïstes, ou agit' prop. Irrécupérables par le commerce. Knokke-le-Zoute est une station balnéaire belge, sur la mer du Nord donc, très BCBG, avec un casino et un second festival, annuel celui-là, consacré à la variété, un ancêtre d'Eurovision qui se tient à une période moins insolite.

Knokke-le-Zoute et son casino, disposé autour d'une rotonde décorée d'une fresque d'après Magritte, il faut avoir vu ça l'hiver. Les rues désertes, le vent qui, à chaque tournant, vous colle au mur, les salles de jeu désertes et la façade kitsch émergeant à peine d'un brouillard si dense qu'il cache la mer. La plage est étroite, la marée haute, mais c'est de très loin que l'on croit entendre le crachement continu des vagues. Dès que l'on sort du casino, on est happé par le blanc humide de ce brouillard qui étouffe tout, recouvre tout. On en sort tard dans la nuit, on y est entré tôt le matin, on ne voit pas le jour. Tout est fermé dans la ville, le casino seul reste entrouvert. On y demeure cloîtrés, comme retenus par l'ange exterminateur.

Dedans, c'est une sorte de Walpurgis. On passe des heures devant des séries de courts métrages, qui envoient dans les nerfs optiques de douloureux signaux de couleurs non complémentaires. Des formes géométriques traversent l'écran, étoiles filantes dont les teintes crues s'impriment sur les rétines, les impressionnent encore bien après leur passage. La même année — celle où le Living peaufine sa légende à Bordeaux — le Sigma organise une « nuit de l'underground » avec promesse d'un porno à l'aube. Interdit — les salles X n'existent pas encore —, le porno est forcément révolutionnaire. Après une monumentale bagarre pour tenter de faire entrer dans le cinéma bien trop petit la foule bordelaise qui s'accroche aux grilles, la séance commence par des courts métrages qui semblent anciens et jouent sur la répétition — ainsi pendant seize minutes en noir et blanc muet, une femme va et vient sur une balançoire, la tête en haut puis en bas. Bien avant l'aube, les vainqueurs de la bagarre ont renoncé, et le porno promis enfin projeté ne parvient pas à réveiller les quelques spectateurs restant.

Knokke-le-Zoute est plus sophistiqué. Les films expérimentent l'effet subliminal, les étals de boucherie en plans de coupe. Au programme : l'histoire d'un homme qui vit dans la campagne et mange — réellement — un poulet cru avec ses plumes. Une performance titrée *Juliette et Roméo*. D'abord un de ces courts métrages aveuglants, paraît-il bourré d'images subliminales, puis, devant l'écran vide, un acteur et une actrice entièrement recouverts de pages de journaux commencent à s'effeuiller mutuellement. Pour une raison quelconque, ils doivent le faire sous médicament, à un moment précis de leur défonce. Un retard malencontreux les plonge dans une sorte de léthargie, leurs gestes ralentis traînent interminablement.

Généreux, chaleureux, Armand Gatti lit une pièce qu'il vient d'écrire sur Rosa Luxemburg. Hugo Claus (l'auteur flamand le plus célèbre hors de ses frontières) met sur scène des acteurs nus mal à l'aise. Un disciple de Fluxus annonce une pièce nommée : *Fabrication d'une chaise sous Louis XVI*. Effectivement, dans un petit salon XVIIIe, un artisan imperturbable fabrique une chaise. Le public gronde, moins par manque d'humour que par saturation. Les jolies filles dévêtues qui évoluent dans une bulle translucide font un tabac. On a craint un moment l'interdiction, mais non. Si cette profusion désordonnée recèle quelques perles, on est trop gavé pour s'en rendre compte. On se demande pourquoi certains éprouvent, par-dessus le marché, le besoin de faire circuler des joints ou de déguster du sucre à l'acide.

En dépit de son avant-gardisme affirmé, le festival sacrifie au rite du débat. Jérôme — il est mince, il a tous ses cheveux, une autorité bougonne et un fabuleux don de persuasion — explique sa conception d'une scénographie éclatée, d'un théâtre fait d'actions spontanées, un théâtre libre, immédiat, éphémère. Il ne le sait pas encore, nous non plus : il est en train d'organiser dans sa tête les principes de ce qui va devenir le Magic Circus. Il s'exprime avec fougue, non sans maladresse, laissant passer des bouffées de langue de bois dont on se demande, tant ça ne lui va pas, si elles ne lui arrivent pas juste pour lui donner le temps de rassembler ses idées. Il pressent la religion de la fête, et c'est quelque chose qui lui convient.

La mode sur scène est aux titres très longs, à la dialectique raison-folie, aux relations sado-maso des dominants et dominés, aux détournements situationnistes, aux actes symboliques, aux BD pour adultes, héroïnes taille mannequin, cuissardes vernies, tuniques argentées : Vadim tourne *Barbarella* et Jean-Luc Godard *La Chinoise*. À Londres, Peter Brook a mis en scène *Marat-Sade* de Peter Weiss (titre intégral : *La Persécution et l'assassinat de Jean-Paul Marat, représentés par le groupe théâtral de l'Hospice de*

Charenton sous la direction de Monsieur de Sade). À Paris, c'est Jean Tasso. À Londres, Peter Brook émeut la SPA britannique en brûlant un papillon sur scène pour figurer les sacrifices des bonzes qui s'arrosent d'essence. Il fait scandale avec, dans la vieille salle du National Theater, un *Œdipe* dans lequel les comédiens trimbalent parmi les spectateurs un gigantesque phallus d'or. À Paris, Maurice Béjart proclame le règne du théâtre total, toutes disciplines mêlées, fait du BD High Tech avec *La Tentation de saint Antoine*. On y voit un faux bonze feindre le sacrifice par le feu. Grotowski, massif, en costume noir, en lunettes noires expose de sa voix métallique, avec une assurance sans réplique, l'aspect scientifique de sa théorie sur le théâtre pauvre et sacré, sur l'engagement des comédiens, sur Meyerhold. Et provoque un choc inoubliable avec *Le Prince Constant*, avec la rudesse, la rigueur, le chant étrange des acteurs en pagne, au fond d'une arène qu'entoure et surplombe le public, installé sur la scène fermée par le rideau de fer. Réellement, les acteurs semblent hors d'eux-mêmes, pareils à ce que l'on imagine des anachorètes, et en même temps ils maîtrisent parfaitement la représentation. André Malraux, ministre de la culture, tente de déboulonner Henri Langlois de la Cinémathèque pour cause de désorganisation, les cinéastes se révoltent. Voilà 68. Jérôme va trouver son élément.

Personne ne pensait encore aux « événements » quand Jérôme est invité au Brésil, par une femme extravagante, Ruth Escobar, d'origine portugaise, politiquement courageuse — elle a fait plusieurs séjours en prison. Elle est pauvre et magnifiquement débrouillarde. Entre Mama et Reine, elle remue ciel et terre pour faire venir à Sao Paulo les génies du théâtre mondial. Pour elle, Victor Garcia a monté *Le Cimetière des voitures* d'Arrabal, il montera *Le Balcon* de Genet à l'intérieur d'une structure mobile, genre ascenseur qui enferme ensemble acteurs et spectateurs...

« C'était en février 1968, se souvient Jérôme : Sabine était enceinte de notre fils Robinson, et je suis arrivé en plein carnaval. J'étais fou de joie. En fait, Ruth m'avait payé un aller simple, elle n'avait jamais d'argent. Quand je suis arrivé — je l'ai souvent raconté, je jure que c'est vrai — elle m'attendait. On a pris un taxi, on s'est arrêtés chez un antiquaire où elle a acheté, avec un chèque, probablement en bois, un Christ ancien en ivoire. Elle l'a immédiatement offert à un directeur de banque, qui lui a accordé un crédit de je ne sais plus combien de millions...

« Elle me propose soit *Mère Courage* de Brecht, soit la pièce d'un auteur brésilien, prisonnier politique. Naturellement, c'est ce que je choisis. Je ne lis pas le portugais. Je demande une traduction que je perds dans les deux jours. On me raconte l'histoire : des monstres qui se battent contre Superman. Tout à fait dans l'anti-américanisme d'époque. Je tombe amoureux d'une comédienne, son mari me poursuit avec un couteau. La presse trouve le spectacle d'une grossièreté insoutenable. Seuls, les Japonais — il y en a toute une colonie à Sao Paulo — aiment. À vrai dire, ce n'était pas mal, mais chaotique. C'était n'importe quoi. J'avais quand même gagné mon billet de retour, et en revenant en Europe, nous sommes partis pour Londres. Je n'ai pas assisté au début des événements, mais j'étais à l'Odéon, où je prenais des photos. »

Jérôme gagne sa vie dans le roman-photo, appelle sa compagnie chômeuse le Grand Théâtre Panique. Il fait siens les slogans « L'imagination au pouvoir », « Croyez à la réalité de vos désirs »... Le 15 mai, il ne participe pas à la prise de l'Odéon, menée par Jean-Jacques Lebel, il y assiste. L'affolement de Madeleine Renaud l'attendrit, l'incompréhension de Jean-Louis Barrault le touche. Les hérauts de la parole libre le font rigoler. Leur intolérance l'effraie. L'ambiance est d'ailleurs insensée. Une foule immense discute, va et vient, drague, s'écoute parler. Trotskistes, mao, ligue communiste, marxistes-léninistes, gauchistes de tout ordre, paranos voyant des CRS partout, hippysants aux mains ouvertes, au sourire empreint d'un amour universel, nouveaux anars et anars à l'ancienne, anciens combattants de 1936, du Front Popu, ils sont venus, ils sont tous là et ça n'arrête pas de contester. On réclame le Living, Julian Beck qui répète *Paradise now* à Avignon, fait une apparition, paraît-il, certains disent l'avoir vu. La manière dont le couple Renaud-Barrault subit une sorte de tribunal populaire est pénible. Madeleine argumente, « nous avons monté Ionesco et Beckett », sans se rendre compte que pour les contestataires, il s'agit là d'auteurs qui écrivent loin du peuple, dans leur tour d'ivoire... des auteurs bourgeois pour des publics bourgeois. Jean-Louis Barrault se croit autorisé à annoncer : « Je suis mort, l'Odéon est à vous. » Certains l'estiment courageux, Malraux ne lui pardonnera pas, lui retirera son théâtre, refusera même de le recevoir...

Mais il fait beau, la grève générale est vécue comme des vacances parfumées aux lacrymogènes, le dépavage des rues comme un jeu en direct du gendarme et du voleur. La fête est là, Jérôme est à la fête. Sans adhérer ni de près ni de loin au maoïsme, il se lance dans l'autocritique, qui appartient à l'air du temps. Dans le recueil rassemblé par Arrabal, *Théâtre Panique* [1], il écrit un texte en forme de manifeste, par lequel il ne s'attaque pas seulement à lui, mais à ses bons copains, aux obsessions catholico-sacrilèges d'Arrabal et de Garcia, comme au mysticisme orientalo-ésotérique du Living et des livingists. Le texte porte des traits dont l'aigreur haineuse paraît ambiguë — personne n'est parfait. La polémique, l'indignation forcenée frôlent toujours le poujadisme — mais recèle des analyses prémonitoires :

« ... Dans ce monde agonisant qui n'a de positif que le fait d'être l'émouvant musée d'une société balzacienne en voie de disparition, se dessine un mouvement de théâtre dit d'avant-garde. Une poignée de metteurs en scène (dont je suis) avec une rage toute révolutionnaire, mouchent bruyamment les chandelles qui éclairent notre théâtre, pour découvrir avec ravissement la lampe à kérosène et le gramophone à manivelle. Car, disons-le bien, nous gratifions notre public de bibliothécaires et de femmes de dermatologues en fourrure, d'agressions tout à fait minables.

« Car, alors que le napalm ronge les chairs, que les bombes à fléchettes charcutent et pourrissent, que les défoliants mangent l'herbe comme un pachyderme cataclysmique, nous crucifions inlassablement des petits christs d'opérette, avec force appui de *Kyrie Eleison*. On n'a jamais autant parlé de cérémonial, on n'a jamais autant puisé dans les bréviaires, on n'a jamais autant réglé de cérémonials ; miteuses bondieuseries que ces incantations orientales aux accents brooklyniens, ces *Te deum* pompeux, ces bruyants et vains sacrilèges d'une religion qui n'intéresse plus personne

1. *Les Cahiers d'Arrabal*, éditions Christian Bourgois, 1971.

si ce n'est justement ce public plastronné et bedonnant, touchant vestige d'une bourgeoisie qui rit bien, lit un peu, sent bon et va souper après le spectacle (...) Car il faut bien qu'on se le dise, nous ne cassons rien, nous ne révolutionnons rien. Et tant que nous n'aborderons pas le problème du théâtre dans notre société d'aujourd'hui, avec cruauté et innocence (...) nous jouerons le jeu précisément de ce monde qui agonise (...)

« Que faire alors ? Brûler les théâtres et leurs terrifiantes directrices ? Dynamiter les maisons de la culture et leurs metteurs en scène boy-scouts ? NON... Non, ne brûlons pas les théâtres. Qu'on y dise les classiques : Ionesco, Beckett, Genet, qui sont si beaux à entendre. Et qu'on nous laisse, nous, donner nos fêtes comme nous l'entendons, où nous l'entendons, sans chercher à leur donner un nom. »

7

C'est en 1968 et à Londres que Jérôme Savary trouve pour la première fois son vrai public et par voie de conséquence la maîtrise de son style. À son retour du Brésil, entre les romans-photos, les jingles pour la pub radio et les copains, il glande. Probablement alerté par Tom O'Horgan (metteur en scène de *Hair*, de *Jesus-Christ Superstar* à New York, et rencontré au Festival de Francfort) le Théâtre Mercury, à Londres, prend contact avec Jérôme, qui propose *Le Labyrinthe*, seule pièce à son répertoire. Il traverse la Manche, avec Sabine et quatre comédiens. À la création ils étaient douze. Peu importe, on en trouvera sur place. Des Anglais. Qui ne parlent pas français. Qui n'arrivent pas à apprendre le texte d'Arrabal. Jérôme leur raconte l'intrigue — inexistante —, leur raconte une histoire à lui, remplace les répliques par de la musique, la mise en scène par des improvisations. À la batterie sur le plateau, il indique les repères, comme un chef d'orchestre, comme le leader d'un groupe de jazz, comme on verra plus tard Tadeusz Kantor[1] parmi ses comédiens de la *Classe morte*, de *Wielopole, Wielopole*.

Chez Jérôme, tout est question de rythme, d'énergie, de disponibilité à l'imprévu. Il récupère, c'est son génie, ce qui se passe sur le plateau, dans les coulisses et la salle, les incidents, les engueulades, les ratés, la toux des spectateurs, les sièges qui claquent, les rires incongrus, les protestations. Tout semble toujours avoir été prévu. Et puis il lance quelques phrases en anglais, les Londoniens adorent. Jérôme parle couramment leur langue, mais de façon curieuse, même pour quelqu'un qui l'a apprise à New York dans les milieux du jazz. Avec sa grosse voix grondante, il roule les R, on dirait le spectre écossais dont on entend les injonctions menaçantes (Murrrrrrrrrrrdoch !) dans le film de René Clair, *Fantôme à vendre* (un incunable).

Arrabal ne reconnaît pas son œuvre, se masque un temps, fait contre mauvaise fortune bon cœur. Il aime bien Jérôme, ses principes lui interdisent l'instinct de propriété. Et le spectacle triomphe, reviendra « faire souffler sur le Mercury, un peu de ce vent des barricades, si étranger aux habitudes anglaises » (*Le Monde*). Kenneth Tynan, directeur littéraire du National Theatre, dénonce dans l'*Observer*, la « technique de démocratisation des arts, qui n'aboutit qu'à une sorte de guerre civile ».

Mais c'est la fin des swinging sixties, l'Old Vic crée une pièce de John Lennon, c'est l'âge d'or de la Fringe (ensemble de salles non soumises aux règles syndicales, sur le modèle du off off Broadway) dont

1. Homme de théâtre polonais qui, dans une ronde sans fin, a raconté la Pologne des soldats, des curés, des rabbins, de la mort.

Jérôme devient la star et le chouchou. Il reviendra souvent à Londres. Il sera attendu, accueilli avec le même enthousiasme. Sauf quand il voudra expérimenter le West End, le Boulevard londonien, plus brillant que le nôtre, plus riche aussi puisque les spectacles de prestige sont coproduits avec Broadway, où ils symbolisent le must de la culture européenne.

Les Anglais, dont le théâtre reste classique pour ne pas dire conservateur — Peter Brook représentait pour eux le comble de l'exotisme — rejoignent leur réputation d'excentriques dès qu'on aborde le burlesque. La tradition retrouve les gags égrillards des clowns élisabéthains, évoque les comiques troupiers. Elle a engendré les extravagances les plus explosives des « comedians », ces Scaramouche, ces Tabarin modernes, et elle est vivante, elle est forte.

D'aucuns s'y attachent : Dany La Rue, travesti truculent au look blonde plantureuse, star des années 60/70, qui raconte en matinées des anecdotes salées à un public de vieilles dames sorties de chez Agatha Christie, et avec de puissants déhanchements, avec un entrain de fête familiale, chante *Takaraboumdié*. Le soir, dans sa boîte, il se montre carrément obscène.

La tradition, d'autres la détournent et la subvertissent : Pip Simons, grand brun aux yeux moroses, qui tente en vain de soigner une déprime permanente dans l'alcool. Il voit *Le Labyrinthe* et devient fan de Jérôme. Il dirige un groupe avec lequel il monte une *Alice au pays des merveilles* musicale et délirante, grinçante, qui dépasse les frontières de la dinguerie, du « mauvais goût ». Au Mercury, vient également Ellen Stewart, elle invite Jérôme. Ellen Stewart, c'est La Mama, théâtre du Village à New York, temple du off off Broadway : marginalité, underground, internationalisme, pluridisciplinarité — aussi célèbre que la Scala pour l'Opéra, que la Comédie-Française pour le classique. Davantage, sans doute, car Ellen Stewart encourage ses admirateurs et disciples à répandre l'esprit de La Mama, à installer un peu partout ces maquis du théâtre institutionnel.

MICHOU

Un jour, Jérôme m'appelle de Londres et me dit : « On va aux États-Unis, viens avec nous. » Je me laisse tenter. On donne *Le Labyrinthe*, qui n'a plus rien à voir avec Arrabal, c'est un conglomérat de numéros, de situations cocasses. On ne joue pas à La Mama, mais dans un petit théâtre d'été, une congrégation baptiste transformée en lieu culturel. On l'investit pendant un mois. Comme d'habitude on n'a pas un rond mais on s'amuse, Jérôme est chez lui à New York. On recommence la même vie qu'au moment des *Boîtes*. On colle des affiches, on distribue des tracts. En plus à midi, on va faire des parades à Central Park, et ça marche. On a des articles épatants dans *Village Voice*, la couverture de *TDR*, une revue du théâtre off. Seulement on doit faire la manche pour bouffer.

Après un mois, on revient, gonflés à bloc, et le style de Jérôme est déjà bien affirmé. On va voir Aslanian et on lui propose d'occuper le Plaisance, il accepte. On transforme le théâtre de fond en comble, on fait ça de nos propres mains, pendant deux mois, la scénographie, l'éclairage. Tout. On travaille comme des bêtes. On est totalement inconscients, on a envie de jouer, ça nous amuse, rien d'autre. On ne doute de rien. En fait, on joue peu, la plupart du temps la salle est vide. On ne s'en fait pas pour si peu. Ils viendront demain, c'est sûr. La représentation est à 20 h 30, au quart on est encore au bistrot et

> si on ne joue pas, on y reste. On a tant bossé pour bâtir et entretenir le lieu, que les répétitions se sont résumées à leur plus simple expression. L'ossature du spectacle est très forte, et les interventions changent sans arrêt. On discute, des discussions de fond. Les péripéties s'improvisent sous la direction de Jérôme en direct sur scène. Le scénario, c'est lui qui le décide. C'est son univers.

L'univers de Jérôme est fait d'une musique omniprésente, d'un enthousiasme fiévreux, avec une sorte de violence dans la gaieté, et d'anxiété. Quelque chose de tendu, d'animal. L'insolence des enfants « qui se croient tout permis ». Restent des images poétiques, fulgurantes : celle de Jérôme, en robe de bure, suspendu à un filin, pris dans le rayon d'un projecteur vert, jouant d'un petit harmonium, poussant des cris gutturaux. Un émerveillement, une stupéfaction de chaque instant.

À New York, le spectacle n'ayant plus qu'un rapport lointain avec le théâtre, Jérôme change le nom de Grand Théâtre Panique contre celui de Grand Panic Circus. Puis, se sentant devenu adulte, il coupe le cordon avec ses pères et abandonne le Panic pour le Magic. Ce sont les animaux tristes du Grand Magic Circus qui paradent à Central Park, jouent un épisode de la vie de Tarzan dans la jungle du Viêt-nam. Ce sont eux — Michel Lebois, Jacques Coutureau, Sylvie Kühn, Andrew More, les fidèles — qui investissent le Plaisance. Viennent les voir des gens qui ont aimé *Le Radeau de la Méduse* et *Le Labyrinthe*. Le public payant ne suit pas. Il lui faut toujours le temps de connaître et d'accepter — en tout cas, avec Jérôme, une fois qu'il a commencé à venir, il est venu, et en nombre...

Jérôme, légèrement découragé, pense abandonner le théâtre et se consacrer aux « actions ». Pour Noël 1969, en souvenir de réveillons solitaires à se flinguer, il organise une crèche gratuite dans le gymnase du Cirque d'Hiver, où la troupe s'entraîne habituellement aux acrobaties, que les animaux tristes doivent pratiquer, c'est obligatoire. Ils fabriquent des affiches sérigraphiées annonçant l'événement. Cette fois les spectateurs sont au rendez-vous.

« À chaque personne, on donnait un petit cierge magique en disant : "Allumez-le quand vous verrez le petit bébé." Pour essayer de couvrir les frais, on vendait des livres à colorier (la soirée finalement nous a coûté environ mille francs). Le spectacle était assez naïf. Un oratorio annonçant la naissance du petit Jésus, mais sans référence à la religion. Nous avions pris toute l'imagerie de Noël, l'âne, le bœuf, l'étable, etc.

« Voici à peu près le déroulement du spectacle :

1 – Joseph le charpentier façonne un cercueil en chantant.

2 – Passage des centurions romains (musique militaire).

3 – Marie entre dans le cercueil, vêtue de voiles transparents.

4 – Le grand sorcier du ciel transperce le corps de Marie avec une épée rétractable, superbe effet de magie.

5 – L'ange Gabriel fait du trapèze, puis descend gracieusement sur le cercueil de Marie, qu'il ouvre. Il prend Marie dans ses bras et l'emmène.

6 – Arrivée des Rois Mages, du bœuf et de l'âne.

7 – Grand feu d'artifice pendant l'accouchement.

Marie pousse des hurlements, repris par les Rois Mages, le bœuf et l'âne.

8 – Entrée d'une deuxième Marie, les seins nus, portant dans ses bras un bébé tout nu lui aussi. Les spectateurs ravis allument leurs cierges magiques. Le bébé qui voit bouger toutes ces lumières, sourit lui aussi.

« (...) La séance se termine par un bal général comme tous les spectacles du Circus. Nous avons fait quatre séances, deux bébés alternaient, celui de Michou et le mien, chacun dans les bras de leur mère. Nous avons repris cet hommage à la vie, l'été suivant à New York. Nous allions souvent à la tombée de la nuit, à Washington Square, là où les vieillards jouent aux échecs. Un soir, nous sommes tombés au milieu d'un groupe de vieux juifs qui jouaient du violon et dansaient. Nous leur avons joué notre Nativité, puis tout le monde s'est mis à danser[1]. »

C'est dans le chromo que Jérôme manifeste le plus d'invention poétique. Sans en être dupe, il aime sincèrement la naïveté de l'imagerie, les couleurs qui gueulent, la maladresse des dessins, l'authenticité de l'émotion. Il aime les trucs de magicien les plus classiques, ceux des panoplies de Noël, bien visibles, qui exigent la complicité du public. Il aime les faux zèbres, les vrais clowns, les cirques disparus. S'il n'était pas sincère, le Magic serait juste une troupe qui profite d'une mode, et ses spectacles, de simples parodies. Ça peut tenir un temps, ça n'a rien à voir avec la fougue, la force, avec l'originalité du Magic, et sa vitalité contagieuse. La bande parade dans les rues, les squares, les ZUP, jette des confettis, promène

1. *Les Cahiers d'Arrabal*, Christian Bourgois, 1971.

ses cracheurs de feu, ses athlètes bidons enchaînés et rugissants, soulevant de faux poids énormes. Elle enchaîne à sa suite les enfants et des adultes heureux comme des enfants. Le Magic n'est pas hippy, n'adopte pas le sourire planant, la douceur du « flowers power », mais trimbale la vraie tendresse.

Tendresse n'est pas mièvrerie. Son manifeste le plus clair, Jérôme l'écrit sous forme d'un « Catalogue Hiver-Printemps 1970 ». N° 1 : Crèche vivante complète avec animaux, petit bébé et 1 000 cierges merveilleux dits Electric Sparklers à distribuer aux spectateurs. Sans la grange, 1 500 F. Avec la grange et la paille, 2 100 F. Avec la présence d'un jeune curé d'avant-garde, 5 350 F (...) N° 9 : Charnier vivant : une dizaine de corps nus, empilés les uns sur les autres dans un bain de sang 1 000 F. Avec apparition de La Paix (femme nue sous un voile bleu) tenant une colombe à la main, 1 300 F (...) N° 13 : Spectacle d'avant-garde, dit théâtre en marge avec symbologie judéo-chrétienne. Lamento collectif sur la guerre au Viêt-nam. Logements pour les pauvres. La pollution atmosphérique. La justice. La liberté. L'égalité. La fraternité. L'amour. L'affaire Ben Barka. La guerre au Tchad. L'affaire palestinienne. Les barricades de mai. Les massacres de Milan. Courte évocation des camps de concentration. La délinquance juvénile. Avec, à l'entracte, signature d'une pétition pour la libération de Régis Debray.

Deux heures de spectacle intense, bonne conscience garantie à la sortie. Spécial pour maison de la culture et grands festivals, remboursé à 80 % par les ministères des Affaires culturelles, 15 000 F[1].

---

1. *Les Cahiers d'Arrabal*, 1971.

Tout y est, y compris l'obsession du fric. Le Magic, théâtre de rue, ne fait pas fortune. Pour nourrir sa femme et son enfant tout neuf, Jérôme fait de la publicité. Pour faire vivre son Circus — il se sent responsable, c'est son côté patriarche — il répond à toutes les invitations, y compris les plus hasardeuses. D'ailleurs, il aime voyager. Il se sent autant américain qu'européen. Le continent sud est son enfance, le nord convient à ce qu'il appelle son « fighting spirit ». Et puis l'Europe l'ignore, la France met du temps à le reconnaître. Il en fera sa pierre angulaire. Puisque les festivals sont mondiaux, puisqu'ils méconnaissent les autochtones, il ira jouer le glorieux étranger sur d'autres continents. À Toronto, viennent les troupes que l'on peut voir également à Nancy, plus le Magic Circus, qui dans un désordre ébouriffant présente une première mouture de *Zartan : les Chroniques coloniales*.

De retour à Paris, Jérôme retourne vers le territoire des Argentins. Il y retrouve Alain Crombecque. Venant de quitter l'UNEF, il était devenu l'attaché de presse, le mentor de Victor Garcia. Il a accompagné le petit homme fiévreux qui reprend — en décembre 1967, en création française — *Le Cimetière des voitures* d'Arrabal, auquel il mêle deux courtes pièces également d'Arrabal, *Oraison* et *Les Deux Bourreaux*. Cela se passe au Théâtre des Arts, rue Rochechouart, dirigé par une Russe plus russe que nature, Alexandra Roubejansky, perpétuellement exaltée, sans cesse au bord de la faillite, mettant au clou et aux enchères des tableaux, des diamants de plus en plus faux, vestiges de précédents mariages. Elle appartient à la famille des Mères du théâtre, comme Ellen Stewart, Ruth Escobar, ou Ninon Tallon, qui a établi entre nouveau et ancien monde un va-et-vient fabuleux, qui a amené Bob Wilson [1] en Europe, Planchon [2] à New York, et qui toujours entre deux fuseaux horaires, s'endort brusquement n'importe où. Il y a aussi Mira Trailovic, morte avant d'avoir été déchirée par la tragédie yougoslave, qui a fondé et tenu le Festival international de Belgrade dont elle a fait réellement un point de rencontre Est-Ouest. La première, elle a fait sortir d'Italie Luca Ronconi [3] avec son *Orlando Furioso*. De Berlin Peter Stein [4] avec *Torquato Tasso*, de Moscou Lioubimov [5]... Et encore Nuria Espert [6], qui a tenu à bout de bras Victor Garcia, l'a fait venir à Barcelone, où il a monté avec elle ses plus beaux spectacles. La liste n'est pas close.

Garcia aime suffisamment la vodka pour plaire à la Roubejansky. Jean-Claude Drouot — on compte sur le nom de celui qui demeure Thierry la Fronde, pour faire venir le public — est la vedette de ce cérémonial sacrilège, dans lequel « la permanence des obsessions tient lieu de fil conducteur et unifie les styles » écrivent ceux qui n'apprécient pas. Rituel sauvage jalonné

---

1. Homme de théâtre texan, auteur d'images sophistiquées et féeriques, star européenne.

2. Metteur en scène, acteur, auteur lyonnais. Fondateur et directeur à Villeurbanne du Théâtre de la Cité, devenu TNP.

3. Metteur en scène italien de théâtre et d'opéra. Directeur du Teatro Stabile de Turin, puis de l'Argentina de Rome.

4. Metteur en scène, fondateur et directeur jusqu'en 1986 de la Schaubühne de Berlin. A travaillé en Italie, en Angleterre, en Russie. Directeur artistique du théâtre au Festival de Salzbourg et au Teatro Stabile de Parme.

5. Metteur en scène atypique sur la scène moscovite du temps de l'URSS. À dirigé le Théâtre de la Taganka.

6. Actrice espagnole qui fait partie des intellectuels ouvertement opposés à Franco, notamment à propos de la peine de mort.

de processions, de proférations furieuses, scandé par des percussions, des coups frappés sur les carcasses d'autos rouillées composant un grandiose décor d'enfer.

ALAIN CROMBECQUE

Mon premier contact avec les Argentins s'est fait par Copi. Mon premier travail après l'UNEF, mon premier travail professionnel, c'est *Le Cimetière des voitures*. Par hasard, d'ailleurs, parce que Victor me le demande. Je m'intéresse aussi au Magic Circus, je suis impressionné par ses actions de rue, par la Crèche vivante, un grand moment. Je le suis seulement en spectateur, en ami. À son retour de Toronto, Jérôme me parle des *Chroniques coloniales*, qu'il a envie de reprendre. Sans vraiment le décider, je me trouve en train de m'en occuper. On pense d'abord à l'Épée de Bois, mais la salle est vraiment petite, et d'ailleurs n'est pas libre. On pense aussi aux Halles de Baltard, qui, à l'époque, sont encore à leur place. Cette fois c'est trop grand, on devrait fournir le matériel technique, les gradins. On n'en a pas les moyens.

Nous allons voir André-Louis Perinetti. Il dirige les différentes salles de la Cité Internationale. De confiance, en souvenir de l'UTN, il marche et programme *Zartan, le frère mal aimé de Tarzan*, pas dans la grande salle, d'ailleurs froide et difficile. À la Galerie. En fait, personne n'y croit, Jérôme peut-être moins que personne. On a invité quelques amis, on ne s'est même pas préoccupé de la billetterie. Le 25 février 1971, je suis là, Jérôme m'a demandé de lui donner un coup de main et ça m'amuse. Heureusement, parce qu'il n'y a rien, pas de billets, pas de caisse et on voit la foule qui attend. Il est huit heures, on a une demi-heure pour aller chercher les billets, la monnaie, installer la caisse, rajouter des sièges. La représentation commence en retard ; c'est un triomphe, ça y est, le Magic est une légende.

8

Depuis 1968, André-Louis Perinetti dirige la Cité Internationale dans la ligne de l'UTN. Il y accueille quelques anciens stagiaires, offre une mini-salle, le Jardin, à Jean-Marie Patte, qui y présente des spectacles incantatoires — *Récits bouddhiques*, ou *Les Bonnes* de Genet interprétées par trois comédiens asexués, uniformisés par leur crâne rasé, leurs tuniques orientales. C'est à la Cité que l'on découvrira, dans *Les Bonnes*, encore, Nuria Espert. La mise en scène des *Bonnes* est de Victor Garcia. Là, dans le blanc lumineux d'un décor dépouillé, se déroule un grandiose rituel de mort. Jean Genet, cependant, veut interdire le spectacle, on ne sait pas pourquoi. Alain Crombecque se charge de le convaincre, y réussit. C'est une chance.

En collaboration parfois avec le Festival de Nancy et Sigma [1] Perinetti invite les marginaux de toute sorte, tout ce qui bouge : la troupe de LeRoy Jones (le Spike

1. Festival de la marginalité né dans les années 60. Toujours en activité, toujours dirigé par son fondateur Roger Lafosse.

Lee des années 60 au théâtre), et celle des sourds-muets, le Ridiculous Theatre, théâtre du ridicule, du Grotesque, du Camp, mot inventé par Susan Sontag[1] pour désigner l'esthétique — d'aucuns disent « idéologie » du dérisoire, de l'oripeau glorieux. Ils sont les porte-drapeaux de cette mode rétro qui déferle sur New York, gagne l'Europe, se diversifie en style Puces, d'où viendra la gloire des Viviane Westwood et Jean-Paul Gaultier[2], et a trouvé une suite dans cette forme de danse appelée Voguing — glamour *Vogue* et poses photos de mode.

Malgré les palmiers de contreplaqué, les vagues déchaînées découpées dans du carton-pâte, les peaux de zèbre en nylon mité, malgré les maquillages clownesques, le pagne déchiré de Zartan, le diadème en toc de la reine d'Angleterre, les fringues rafistolées de tout un chacun, le Magic Circus ne porte pas l'étiquette rétro, attribuée à d'autres Argentins, le groupe TSE d'Alfredo Arias, débarqué de Buenos Aires via New York en 1968. Après quelques spectacles mi-danse, mi-music-hall — Goddess, sorte d'hymne à la star mexicaine Maria Felix, Aventuras, Futuras —, où, dans une sophistication radicale, les corps dessinent des hiéroglyphes, ces pionniers de l'humour froid font scandale avec une pièce de Copi, *Eva Peron*, dont le rôle-titre est tenu par Facundo Bo. Il porte la copie conforme de la fameuse robe Dior jaune à bustier,

1. Journaliste, écrivain new-yorkaise, francophone, est allée travailler dans Sarajevo assiégée.

2. Styliste anglaise, virtuose de l'extravagance. Un modèle pour Jean-Paul Gaultier, souvent qualifié « d'enfant terrible » de la mode. Il appartient à la génération des « créateurs » du prêt-à-porter, de même Thierry Mugler, Claude Montana...

dans laquelle la vraie Evita fut beaucoup photographiée. Le Camp, le rétro, c'est la mode majuscule — le groupe est d'ailleurs moralement soutenu par Yves Saint-Laurent — c'est une reconstitution presque à l'identique, avec le juste décalage qui sépare un uniforme militaire d'un costume militaire pour le théâtre.

Les références du TSE ont à voir avec les pommettes de Joan Crawford, les faux cils de Dorothy Lamour, avec le cinéma hollywoodien des années 40, doublé au Mexique pour l'ensemble du continent latin. Le Magic Circus, c'est tout le contraire, c'est la force du premier degré, assumé, affirmé comme une revendication d'enfance, et comme l'on sait, l'enfant est un pervers polymorphe. Le Grand Magic Circus également. S'il choque, ce n'est pas tant à cause des Magiquettes dépoitraillées, des scènes joyeusement graveleuses, du comique Quat' Zarts. S'il dérange, c'est qu'il en appelle à l'amoralité absolue du petit d'homme, à sa cruauté puérile, à son désir effréné, désir dévorant d'amour. Pulsions que Jérôme reconnaît facilement en lui, sans avoir besoin de remonter dans son passé.

Zartan, le frère mal aimé de Tarzan propose tout ça et puis la fête, sésame du triomphe. L'intrigue est succincte, la mise en scène, comme toujours, tient au rythme que Jérôme impose à ses comédiens, et à leur pêche. Ils en ont. Ça déménage. Les spectateurs sont interpellés comme naguère dans les caf' conc'. On en retrouve l'ambiance, plutôt que celle du cirque, malgré les vraies acrobaties, la musique de fanfare. Les gags de clowns rappellent ceux des comiques de cabaret qui ont besoin de la proximité, car ils fonctionnent principalement sur la connivence avec le public. La connivence, Jérôme sait la créer, il lui suffit de laisser parler sa générosité à fleur de peau. Le danger, qu'il ne sait pas toujours éviter : la démagogie. Mais, par-dessus tout, on est subjugué par cette dégelée d'actions, vraiment pas inattendues, au contraire. Le spectacle vous place dans cet état d'esprit où l'on se dit que non, là quand même, ils ne vont pas oser... Eh si. Avec un tel abattage, un tel bonheur — et juste le clin d'œil nécessaire — qu'on ne résiste pas.

Cela dit, pourquoi la foule, ce soir du 27 février 1971, avant même la première représentation ? Ce sont les mystères du théâtre. Jérôme prétend que les ados ont cru à du rock — à cause du Martin Circus, l'un des premiers groupes français à faire un malheur. Il se trompe certainement, mais ça le flatte. Simplement, *Zartan* arrive au moment juste où on a besoin de ce qu'il apporte. Comme au cours de ses précédentes expériences, comme dans ses actions de rue, Jérôme demande de faire la fête avec lui — Créativité pour tous, ne restez pas des consommateurs passifs, etc. Ici, la fête est prête, on n'a plus qu'à y entrer. À la fin, on danse avec les comédiens, Vilar faisait déjà ça à Suresnes, mais Gérard Philipe se démaquillait avant d'aller valser avec ses groupies, Andrew More garde ses grimages de Zartan.

Toujours est-il que Jérôme « convie à l'émerveillement d'une grande fête. *Zartan ou le frère mal aimé de Tarzan*, ou Voulez-vous jouer avec le Grand Magic Circus ? C'est un enchantement » (*Le Monde*). Si cet enchantement n'était qu'affaire de circonstances, il aurait duré ce que dure une mode à Paris : à peine une saison. Mais, immédiatement, quelque chose se passe, une sorte de pacte entre public et Magic. En fait le spectacle compte moins que le Magic lui-même, c'est-à-dire Jérôme « homme-orchestre ubuesque et ubiquiste ». Le Circus est son costume, son masque de théâtre. Un jour, le masque sera usé, le costume troué, et du Grand Magic Circus restera l'essentiel, la racine : une façon de rire et de se faire peur.

Mais nous n'en sommes pas là. Pour l'heure, l'engouement est aussi impétueux qu'inattendu. Il dépasse largement les murs de la Cité Internationale et ceux de Paris, les frontières de la France et celles de l'Europe. Le Magic est invité au Festival de Shiraz, en Iran.

L'Iran n'est pas encore une république islamique, mais n'est pas davantage démocratique. Le Shah y règne en maître absolu, avec le soutien d'une armée censée être l'une des plus modernes du monde, et d'une police politique redoutablement efficace. Et puis, même si entrebâiller le tchador n'est pas encore passible de peine de mort, le pays est celui des « femmes voilées ». On y parle beaucoup pourtant d'ouverture sur l'Occident, économique et culturelle. À Shiraz, la Shabanou Farah Dibah parraine un festival qui se veut charnière, point de jonction Orient-Occident. En 1971, il est particulièrement brillant, car cette année-là, il a lieu dans les ruines archéologiques de Persépolis près de Shiraz, et tout de suite après le festival, la célébration à la Cecil B. de Mille, des deux mille cinq cents ans de l'Empire perse. Têtes couronnées et chefs d'États du monde entier sont invités, et viennent. Tous. Même ceux qui représentent les démocraties pures et dures.

Au festival aussi tout le monde vient, même les combattants de 1968, qui persistent à clamer « ce n'est qu'un début »... Ils devront s'en expliquer au cours des débats — une coutume à laquelle n'échappe aucun festival — pour quelques invités indignés, bien que n'ayant pas hésité à accepter de voyager aux frais de la Shabanou. Peter Brook a failli en perdre son calme.

Peter Brook est la star de ce cinquième festival dont le thème est « l'expression libre », formule pratique et à la mode, on peut en faire ce que l'on veut. En dehors du Magic, elle englobe côté cinéma deux rétrospectives, Bergman et Satyajyit Ray. La fine fleur des festivals de musique contemporaine de Xenakis à Cathy Berberian[1] à côté de l'Orchestre de chambre de Moscou. Le théâtre traditionnel religieux iranien, le Ta'zieh et l'underground new-yorkais — expression corporelle plus une Alice burlesque, hallucinée aux champignons. Pour Peter Brook, c'est l'occasion d'une expérience qui juxtapose une langue disparue, l'avesta, et un langage inventé par un poète anglais, Ted Hughes, l'orghast. C'est aussi le titre du spectacle qui, à quelques kilomètres de Shiraz, se donne dans le paysage fantasmagorique des tombeaux des rois, creusés à même une montagne, dont les stries semblent prolonger les bas-reliefs des lions ailés. Et il y a cette porte dans la paroi oblique, ce rectangle noir qui ouvre sur le néant. Il y a la nuit, cette fameuse « magie du plein air et des étoiles », démultipliée par l'effet du désert.

Brook fascine le festival, Savary le déstabilise. Il fallait s'y attendre dans ce pays qui dissimule les corps féminins, et à l'époque, paraît franchement bordélique. Probablement à cause de la manière brutalement volontariste dont les modes et les technologies occidentales ont été greffées.

---

1. Compositeur, cantatrice.

ANDRÉ GINZBURGER, tourneur

Le Festival de Shiraz est ma première affaire avec le Magic Circus. Naturellement, j'ai vu *Zartan* chez Perinetti, avec qui je travaille énormément. Et c'est Crombecque qui me contacte. Les Iraniens, eux, n'ont pas vu le spectacle, ils l'ont acheté sur la foi de la presse. Ils savent seulement que c'est un peu agitateur. Moi, je suis tout de même inquiet. Dans l'avion, je trouve un journal en anglais, avec l'annonce du festival, les dates de *Zartan* à Shiraz et à Téhéran, où on doit ensuite aller jouer. Tout semble en ordre. Seulement, *L'Express* a publié un article axé sur le scandale que le spectacle ne manquerait pas de provoquer. Bon. Nous arrivons, reçus à l'iranienne, avec beaucoup de charme, de gentillesse. Farrokh Gaffary, directeur artistique du festival, passe de temps en temps nous voir, et nous demande : « Alors, vous ne répétez pas ? » On prétexte le camion de palmiers perdu en route. Ça ne peut pas durer, je dis à Jérôme : « Tu devrais faire un filage, j'ai l'impression qu'ils envisagent de te censurer. » Prudemment, il opère pas mal de coupures. Gaffary et un autre — je ne me souviens plus de son nom — s'éclatent, trouvent ça d'une drôlerie extrême et ça passe.

Les représentations ont lieu au campus, où nous sommes également logés. Ce n'est pas le grand confort, surtout du côté de la climatisation. Il n'y en a pas, on étouffe. Le soir de la première, c'est la foule, et tout se passe pour le mieux. Le spectacle se donne intégralement, et triomphe. Seulement, les représentations de Téhéran sont supprimées, sous prétexte que la salle où nous devions jouer n'est pas libre. On ne nous fait aucun reproche, et on nous propose à la place une visite touristique à Persépolis et Ispahan. Avec le recul, je pense qu'ils ont eu raison... La seule fois où les gens nous engueulent, gentiment d'ailleurs, est le jour où Jérôme décide de faire une parade. D'abord, il en fait toujours, ensuite, il a toujours besoin d'en faire plus. Plus qu'André Gregory [1] qui, prétendant vouloir « un vrai public populaire » à son *Alice in Wonderland,* invite des chauffeurs de taxi.

Dans ce genre-là, il ne faut pas pousser beaucoup Jérôme. Il va donc dans les rues, rameuter « le vrai peuple de Shiraz ». Il y a là une équipe de télévision française, évidemment ravie. La parade n'est pas interdite, dans la mesure où elle est totalement impensable. Ce que nous ne savons pas. Nous partons du Bazar, qui est magnifique, et situé sur une grande place. Les gens sont surpris, mais comme il y a la télévision, ils ne peuvent pas imaginer que ce n'est pas officiel. Même le flic de service met dix bonnes minutes à réagir. Seulement, quand il commence à voir les clowneries, il s'affole, téléphone à ses supérieurs ; qui se demandent ce qui se passe, se renseignent... Bref, le temps de se rendre compte que ce n'est pas autorisé, ils déboulent quand tout est fini.

De toute façon, puisqu'on ne va pas à Téhéran, dit Jérôme, pourquoi se gêner. Et puis, on ne risque pas grand-chose, le festival est un monde en vase clos. Nous avons quand même frôlé l'émeute, un jour, à cause d'une de nos comédiennes, Myriam Mézière. Le campus étant loin de la ville, le festival nous envoie un car pour descendre à Shiraz faire des achats, etc. Myriam arrive en mini-jupe, Jérôme braille qu'il n'est pas question de la trimbaler comme

1. Homme de théâtre new-yorkais né à Paris, stagiaire chez Grotowski, inspirateur et héros du film de Louis Malle, *My diner with André.*

ça, que la provocation a des limites, et elle dit : « Ce n'est pas grave, je vais me changer, partez devant, on se donne rendez-vous et j'arrive en taxi. » Les taxis, à l'époque, il y en a tant qu'on veut. Effectivement, Myriam nous rejoint. Elle s'est changée : elle a mis une robe complètement transparente. En deux secondes, on est entourés de types, je ne sais pas ce qu'ils disent mais... Jérôme te la gifle, et la pousse dans le car. On a vraiment eu peur.

Au retour aussi j'ai peur. La troupe repart pour Téhéran en avion, et moi j'accompagne les décors en camion. Mille deux cents kilomètres de désert, l'intégralité de l'argent du Magic dans la poche, seul avec un chauffeur iranien qui tous les deux cents kilomètres s'arrête pour fumer son narguilé. Alors quand il redémarre, il fonce comme un fou, puis s'endort progressivement. J'essaie bien de lui parler, mais il ne comprend que l'iranien. Et quand j'arrive à Téhéran, c'est pour m'apercevoir que les vingt-quatre billets pour la troupe sont OK sur un avion de la Lufthansa qui n'existe pas. À l'époque, les terminals d'ordinateurs tombent tout le temps en panne. Notamment en Iran. Finalement, on a pu partir sur Pakistan Air Line. L'avion va à Amsterdam et nous à Genève, peu importe, on sait qu'une fois là-bas, on se débrouillera. Le voyage est épatant, parce que quinze jours auparavant, un 707 de Pakistan Air Line s'est écrasé. Alors ils en rajoutent sur l'accueil. On nous propose des menus merveilleux... Et puis à un moment, je vais aux toilettes, et je vois sur chaque rangée de trois fauteuils quatre Pakistanais entassés. Des immigrants pour l'Angleterre, ça a beaucoup frappé Jérôme.

Jérôme et le Grand Magic Circus reviennent, et la gloire ne les fuit pas. « Les spectacles se vendent facilement », reconnaît Ginzburger. Le phénomène est sur les rails. Ce n'est qu'un début, d'autant plus intéressant, et à vrai dire étonnant, que théâtralement la période est d'une fabuleuse richesse. Cette année-là, Bob Wilson apporte au Festival de Nancy son regard du sourd dont Aragon dit qu'il n'a rien vu de plus beau au monde — « sept heures et demie de spectacle, durée détruite, broyée dans le déploiement graduel des images venues d'une mémoire brouillée. La machinerie artisanale du théâtre met en marche un monde somnambulique. La nourrice noire, en austère robe noire, penche son visage impassible, son pur visage d'éphèbe. Elle lève un poignard qui un siècle plus tard pénètre la chair de l'enfant » (*Le Monde*). Tableau devenu emblématique de ces années-là.

Cette année-là, Luca Ronconi fait débouler dans un pavillon Baltard — qui se trouve encore sur l'emplacement des Halles — les chevaux sculptés, montés sur plates-formes à roulettes, poussés à la main, bousculant les spectateurs debout, tandis que sur des petits podiums, des comédiens emplumés, vêtus de somptueuses défroques, profèrent le poème de l'Arioste : *Orlando Furioso*. Cette année-là, Ariane Mnouchkine ayant pris possession de sa Cartoucherie, y crée (après Milan) son *1789, l'Histoire de la Révolution* racontée en images d'Épinal passées par une extrême sophistication, en particulier des maquillages et des costumes, qui mêlent les époques, cherchent « à signifier plus qu'à décrire ». Là aussi les spectateurs déambulent entre plusieurs plateaux où se donnent simultanément des scènes symboliques. Là aussi il y a participation et scénographie éclatée. Et puis la fête. Obsession, tics du moment, plus ou moins fondés sur des malentendus. Tout au moins pour ce qui est de la fête, dans le cas de Ronconi, ou d'Ariane. La fête, c'est seulement le Grand Magic Circus, qui a déjà d'innombrables imitateurs, mais reste inimitable.

9

« C'est du délire. On s'arrache les billets, on arrive une heure à l'avance, on se piétine pour entrer, on s'entasse par terre, debout, chaque soir des dizaines de personnes restent dehors (...). Et cela sans vedette ni tapage, sans subvention ni autocar gratuit, simplement parce qu'un accord a été trouvé d'instinct, et aussitôt grossi en rumeur, entre ce qu'un spectacle peut offrir et ce qu'un vaste public peut attendre. Le phénomène ne s'était pas produit depuis la flambée de *1789* il y a un an, et avant cela depuis les débuts du TNP (...). D'abord, comme pour *1789*, un environnement et une ambiance où la nouvelle génération se reconnaît chez elle au lieu de se sentir en visite chez ses parents (...). À l'intérieur, troupe et public se mêlent, se bousculent, s'enjambent, s'interpellent, dans une pagaille improvisée, qui tranche définitivement avec le protocole du théâtre bourgeois ou populaire, et qui fonde désormais toute "sensation" de liberté.

« Le spectacle prolonge cette atmosphère de "non-consommation", de décontraction, de défoulement, que couronnera une samba finale, ouverte à tous (...). Mais le Magic marque une escalade remarquable par rapport à nos ancêtres Branquignol dans le refus du fignolage — symbole honni de la "consommation" — et dans la glorification narquoise de l'à-peu-près, de la pacotille, bref d'un certain amateurisme, au demeurant tout relatif, car il ne suffit pas de réunir quelques boute-en-train vaguement musiciens et acrobates pour obtenir un succès pareil... »

Sans pour autant adhérer au phénomène, Bertrand Poirot-Delpech le décrit parfaitement dans *Le Monde*, sous le titre « Un besoin de n'importe quoi », à propos de *Robinson Crusoé*, création qui suit et prolonge le miracle *Zartan*, et dont la première représentation au Sigma de Bordeaux a frôlé le désastre. C'est peu dire que le spectacle patine, qu'il n'est pas prêt. Les acteurs entrent en scène sans savoir comment la représentation va se dérouler.

Ne recevant pas de subventions mais se vendant bien, ils ont joué *Zartan* sans discontinuer et Jérôme avec eux. Du coup, il n'a pas eu le temps de penser à *Robinson*. Mais le contrat avec Sigma stipule « une création ». Le contrat est signé, payé, il faut y aller. La troupe arrive deux jours avant la première, avec un Jérôme bien trop angoissé pour avoir la moindre idée. Ce qui est censé tenir lieu de répétition s'effiloche, c'est la débandade. Jérôme et avec lui les autres font confiance à la chance. Ils n'ont pas le choix, et ils ont raison, la chance est avec eux. Mais c'est bien parce que, véritablement, le public est prêt à accepter « n'importe quoi » du Magic, et même, le lui réclame.

MICHEL DUSSARAT, acteur, danseur, créateur de costumes

J'ai assisté à la première mouture de *Robinson*. Je suis allé voir Savary et lui ai dit : « Voilà, je veux travailler avec vous. » En fait, le spectacle ne m'avait pas plu du tout, seulement il y avait quelque chose, je ne sais pas. Ils semblaient s'amuser comme des fous, et surtout : ils étaient différents. C'est vrai qu'à l'époque, à Aix-en-Provence, je faisais partie d'une compagnie située entre le Living Theatre et Grotowski. Nous nous prenions très très au sérieux. Ce n'était pas une secte, mais il y avait un peu de ça. Nous vivions en communauté, il y avait le couvre-feu à dix heures du soir, nous nous levions à sept heures et de dix à douze nous faisions des exercices d'échauffement. À treize heures, repas. À tour de rôle, deux personnes allaient aux Halles ramasser des légumes — nous vivions sans argent — et pendant que nous déjeûnions, avec interdiction de parler, il y en avait un qui ne mangeait pas, et lisait une page de Grotowski. À quatorze heures, bronzage obligatoire, parce qu'on jouait pratiquement nus, et qu'il n'était pas question d'acheter du maquillage. À quinze heures, douche. Et jusqu'à dix-neuf heures, atelier. Nous avions exigé un jour de repos par semaine, mais comme le directeur nous donnait à chacun 1,50 F — même pour 1970 c'était peu — nous étions obligés de rester ensemble, de mettre notre pécule en commun pour acheter du pain et du camembert. Le reste, on le piquait au super-marché.

La nature se plie à tout, finalement. Je n'étais pas malheureux, j'étais à l'âge où l'on se complait dans le morbide. Le directeur, un Anglais, connaissait Jérôme — il l'avait même recommandé au Mercury de Londres. Il l'avait invité l'année précédente pour une action dans un Monoprix désaffecté. Le Magic était venu, et j'avais trouvé ça affreux. Je les trouvais d'autant plus épouvantables, qu'ils étaient allés bouffer à la Rotonde, LE restaurant un peu bien, ouvert la nuit, et que nous les regardions comme devant une vitrine de Noël quand on n'a pas le sou. Inaccessibles. Bourgeois.

Au Magic, tous étaient des bourgeois huppés ayant plus ou moins rompu avec leur milieu. Virginie Mortensen par exemple, son père était ambassadeur. Jérôme lui-même vient d'une famille qui compte. Finalement il n'y a eu que Mona et moi pour être sortis d'un milieu modeste. On s'est toujours bien entendus nous deux. Ma mère est d'origine paysanne, mon père tourneur fraiseur.

Mais au Sigma, ces choses-là ne comptaient pas encore. Notre troupe donnait un spectacle, le directeur nous avait consignés dans nos chambres avec interdiction d'aller au Magic Circus. Si bien que j'y suis allé. Donc, je dis à Jérôme que je veux travailler avec lui, et il me répond : « D'accord chouchou, viens me voir après Noël. » Il ne dit jamais non et moi j'y ai cru. Je raconte aux copains : « Je vous quitte, il me veut. » C'était en novembre. Deux mois plus tard, je monte à Paris avec ma sœur, et je me pointe avec ma valise à la Cité Internationale. Je portais une grande cape, c'était à la mode. Jérôme ne me reconnaît pas du tout... Crombecque qui s'occupe de l'administration est en partance, remplacé par Christian Gay-Bellile. Je ne sais pas quoi faire, il n'y a pas de place pour moi, mais la fille qui s'occupe des costumes est enceinte et me demande : « Tu sais coudre ? Je n'ai pas terminé les écailles du dragon. »

Moi je suis là tous les matins à sept heures — tout seul bien entendu — et je couds les écailles. Un jour, passe Gay-Bellile, qui ne connaît personne puisqu'il vient de prendre ses fonctions. « Tu es du Magic, toi ? » Je lui réponds que oui, et dix jours plus tard, j'ai ma fiche de paye. Sans avoir été engagé. C'est à peine si Jérôme m'a vu. En tout cas, l'ambiance me plaît. Plus que le travail que je ne comprends pas. Bien que l'année précédente, notre groupe ait monté au Sigma *Les Mamelles de Tirésias*... Au fond ce n'est pas si loin du Magic.

Un soir, le garçon qui fait le cul du zèbre et s'occupe des poursuites [1] me demande de le remplacer, parce qu'il doit sortir complètement nu de dessous la robe de Jacqueline, la diva, et ça l'embête. Je saisis l'occasion, je m'arrange une coiffure Inter-Flora, j'ai mes gélatines [1] dans un sac. En sortant nu de sous la robe de Jacqueline, j'enfile une jupe, et je m'en vais faire les poursuites. Trois semaines après, Jérôme dit au garçon que j'avais remplacé : « Dis donc tu es en progrès, ils t'applaudissent. » « Mais c'est Dudu qui le fait... » « Ah ? Quoiqu'il en soit, tu es en progrès. » Il était déjà comme ça, il l'est de plus en plus. Il ne se souvient pas de qui a fait quoi. Quand j'ai remplacé un comédien à Rome, il m'a tout le temps appelé par son nom.

Je m'en fous puisque j'appartiens désormais à la famille. Nous sommes tous payés. Peu mais régulièrement. Un moment, j'ai pensé aller chez Ariane Mnouchkine, et puis, je ne sais pas, on prend le train qui passe. Je ne l'ai jamais regretté, même quand Jérôme ne me reconnaissait pas. Finalement, ça remet les choses à leur place. On est un pion, faut s'investir, s'accrocher, faire son chemin. Peu à peu, il se rend compte que je suis sérieux. Je grignote le

---

1. Projecteur mobile diffusant un faisceau, qui prend un personnage dans la lumière et le suit. Gélatine : plaque colorée translucide posée sur un projecteur.

domaine esthétique. De toute façon je m'en suis toujours occupé, partout. Jérôme a fait les Arts Déco, et moi les Beaux-Arts à Bordeaux... Pour *Robinson*, je travaille aux costumes avec la femme de Jérôme, Sabine. Chacun va aux Puces et choisit son habit, ensuite on arrange et on harmonise. On est en plein dans les débuts de la mode cloche. Pendant *Robinson*, d'un soir sur l'autre, j'ai pratiquement tout fait, et j'aime ça. Le Magic est demandé partout, il a même été invité aux Jeux Olympiques de Munich, un drôle de truc.

Un drôle de truc en effet, que ces Jeux Olympiques de 1972, censés effacer le souvenir des Jeux de 1936 dédiés à la race aryenne. Propre comme le décor du feuilleton *Le Prisonnier*, le village olympique est interdit aux non-sportifs, y compris les journalistes. Le règlement des JO stipulant que sport et culture doivent se compléter (*mens sana...*), les Bavarois s'organisent comme ils savent le faire : impeccablement. La culture a pour elle un théâtre en plein air à gradins, à côté d'un lac artificiel. Plus une rue, la Spielstrasse, jalonnée de podiums, de petites baraques vertes pour le matériel des troupes, les organisateurs, les vendeurs de pizzas et de coca-cola. On rencontre les menhirs blancs conçus par Ben, un plafond de ballons blancs, des formes métalliques sonores, un plancher musical, des grands écrans, des postes de télévision pour suivre les épreuves sportives, des lampadaires munis de vaporisateurs à parfum — lavande, encens, santal...

Les organisateurs ont invité le gratin des groupes marginaux : un Italien, un peu moins jeune que les autres, et qui depuis dix ans, fait du très beau théâtre d'images, Mario Ricci. Il propose un jeu dans un labyrinthe. Les marionnettes du Suédois Michel Meschke racontent les JO de 1936. Les New-Yorkais de Caravan remontent plus loin, jusqu'aux Athéniens et y ajoutent l'inévitable Viêt-nam (on peut ricaner aujourd'hui, en 1972, on ne pouvait pas ignorer le traumatisme). Des Munichois parodient timidement les sportifs. Suivent Pip Simons, une troupe d'étudiants argentins. Et Terayama, un Japonais, auteur au cinéma de *Brûlons les livres et descendons dans la rue*, et au théâtre, notamment de la *Marie Vison*, sorte d'opéra-rock, présenté à Paris aux Halles entre le temps du déménagement à Rancy et la construction du centre commercial. Il est un habitué des festivals, dont ceux de Belgrade et Nancy. À Munich, il s'inspire des Jeux de Mexico 1968, ceux des contestations et du Black Power, avec brutalités policières. Une femme nue sous un châle rouge court parmi les spectateurs. Des étudiants sont enchaînés, flagellés. Une hétaïre sur un palanquin mange des petits pains ronds. En prologue, deux servants masqués ont déroulé un tapis rouge jusqu'au lac, et un homme saute. Le spectacle se termine sur un long et véhément discours en japonais.

C'est tout de même un peu schématique, mais c'est ce qui se fait chez les marginaux, généralement juste avant le débat « théâtre révolutionnaire ou révolution au théâtre ». Tant que l'humour est là, rien n'est perdu. C'est pourquoi le Magic Circus triomphe avec une parade très élaborée, à laquelle tout le monde participe, y compris Alain Crombecque, André Ginzburger... Quelques jours avant, le Magic présentait à La Rochelle, un spectacle et un défilé délirant, pour lancer la maison de la culture, « en préfiguration ». Une répétition, en somme. Un bonheur, et qui se confirme tout au long de la Spielstrasse, sous la conduite d'un Pierre de Coubertin à moustaches bleues et rouges, en frac et haut-de-forme. La foule s'agglutine, se joint à celle déjà installée sur les gradins du Theatron. Les anneaux olympiques sont enflammés par les cracheurs de feu. Une haltérophile soviétique révèle son appartenance au sexe fort ; la princesse Anne — Jérôme adore les Windsor — chevauche un zèbre ; un samouraï se bat en duel avec un escrimeur. Puis une troupe berlinoise (de l'Ouest, on doit encore le préciser) mime la guerre, annonce la fin de la guerre et les soldats se transforment en athlètes.

Tout devrait baigner dans la gentillesse et la joie. Le théâtre est permanent, plutôt réussi, gratuit. Des milliers de spectateurs heureux photographient, regardent avec une bonne volonté dévoreuse. Pourtant l'atmosphère est pesante. Tout est chronométré. Ces marginaux, chantres libertaires, sont piégés dans une organisation qui les dépasse. Relégués dans cette Spielstrasse, comme des amuse-gueule.

Dans la ville, la Hofbrauhaus oublie les discours de Hitler, cultive son folklore à la Breughel. Odeur de bière, rires des serveuses qui oscillent entre les tables de bois, une lourde chope accrochée à quatre doigts de chaque main. Un violoniste en gilet bavarois joue des airs d'opérette. En bas, des buveurs KO sont affalés et un petit orchestre à cordes joue *Lili Marlène* sur un rythme militaire. Un cinéma affiche *Les Dieux du stade*, le film de Leni Riefenstahl à la gloire des Jeux de 1936, des corps blonds et des croix gammées. Il y a la queue.

Le village olympique est loin. Protégé, croit-on. Les Berlinois trimbalent dans la Spielstrasse des charrettes couvertes de photos sur lesquelles on voit des nazis fusiller des otages. Les sportifs ne voient rien. Ils se battent pour voler au temps un dizième de seconde. Rien ne doit, rien ne peut, semble-t-il, troubler leur sérénité. Rien de moins fort qu'un tremblement de terre. Rien sinon que Septembre Noir massacre des athlètes israéliens. En 1972, on n'avait pas encore l'habitude de prévoir les attentats. Les troupes reçoivent l'ordre de ne pas jouer. Mais elles sont payées, c'est correct.

10

Le Magic Circus existe. Il n'est pas seulement une légende, un phénomène de mode ou de société, le symbole d'une époque de jeunesse, de désinvolture, d'insolence. Il est une troupe constituée avec un statut juridique. En 1972, deux mois après l'expérience munichoise, un an après l'extravagante première représentation de *Robinson Crusoé*, on le retrouve au Sigma. Son œuvre fait l'objet d'une soutenance de thèse à l'université de Bordeaux. Jérôme et ses animaux tristes vont appuyer le candidat — lequel obtient une mention très bien — déguisés en gens de bonne compagnie, nœuds pap', astrakan, soubrettes accortes. Défilé suivi d'un concert de fanfare, et d'un discours de Jérôme sur le thème : « Pourquoi les adultes n'ont-ils pas le droit de grimper aux arbres sans passer pour des singes ? » C'est l'un des derniers exploits, potache et improvisé, du Magic.

Pour les fêtes et les vacances de Noël, voilà *Robinson* à Londres, à la Round House. Représentations achetées, car Jérôme a toujours clamé publiquement ses histoires de fric, notamment le refus du gouvernement de l'époque de lui accorder la moindre subvention. Le directeur de la Round House ne fait d'ailleurs pas une mauvaise affaire. Les premiers soirs, les familles qui se sont déplacées sur la foi du titre, se demandent ce qui leur arrive. Ensuite, malgré une critique mitigée, le phénomène joue, le public accourt, le spectacle doit être prolongé.

C'est au cours de ces tournées que se constitue la troupe. Elle n'a jamais été fixe. Certains s'en vont, quelques-uns reviennent, mais ce n'est plus déjà la joyeuse bande informelle qui arrive et « fait une action ». Les nouveaux, qui tous ont choisi de venir, qui ont fait un choix de vie, s'installent et finissent par donner au Magic un autre visage, l'empêchant ainsi de s'embourber dans la routine de la jeunesse qui s'étire. Les choses se sont toujours passées ainsi, naturellement, sans plan.

ALAIN POISSON, éclairagiste

Je fais la connaissance de Jérôme quand le Magic vient jouer *Robinson* à Grenoble. À l'époque, je fabrique et je vends des téléskis pendant l'été. L'hiver, je suis moniteur et le théâtre est le dernier de mes soucis. Mais je lis *Charlie-Hebdo*, et là ils annoncent le spectacle. J'y vais, je le trouve génial. Mon épouse de l'époque manifeste son envie de voir les acteurs, et reste au bar. Je l'attends dans la bagnole, une Porsche. Au bout d'un moment, elle ramène Jérôme qui cherche un bon restaurant ouvert la nuit. Bon, on fait plusieurs bars, puis il vient dormir chez nous. J'habite la banlieue. Le lendemain, il me propose de me ramener en ville où le Magic doit faire une parade. Le soir, il me rend hommage : « Je remercie mon ami Poisson pour son accueil... »

Démago et génial. Je n'en peux plus. Un pauvre mec comme moi, on le remercie publiquement sur scène... Les deux jours suivants, comme il n'a pas grand-chose à faire, il revient à la maison, on boit pas mal.

Six mois plus tard, je reçois un coup de téléphone : « Allô, c'est moi, Jérôme. Je suis à Londres. » Il m'avait envoyé des cartes postales, et me demande de le rejoindre. Pas de problème, il m'invite. « Ce n'est pas terrible, on est dans une maison squatterisée, mais viens. » J'emmène ma petite fille, je fais escale à Paris, je la laisse à ma mère qui m'engueule : « Tu ne sais même pas qui c'est, ce type. »

J'y vais quand même, je me dis que je vais toujours passer le Jour de l'An là-bas. Je ne parle pas un mot d'anglais, je prends un taxi, je lui montre la carte postale avec la Round House. Ça a duré une semaine. Après trois jours, Jérôme me dit : « Tu ne vas pas rester là à nous regarder. Tu vas venir sur scène pour l'orgie au palais. Tu fais comme Dudu : tu mets un string, vous traversez la salle chacun d'un côté des spectateurs, et tu te jettes dans l'orgie. » Le premier soir, je me dégonfle et devant tout le monde, il se fout de moi. Le second soir, je me dis : « Rien à faire, il faut y aller. » À poil, mort de trouille, j'y suis allé.

Ensuite, je retourne chez moi parce que j'ai du travail, une famille à nourrir. Mais le week-end, le Magic tourne dans la région, je rejoins les copains. C'est le plaisir de les voir, pas celui de jouer. Je reçois une promotion pour la vente des skis. On me propose un truc vraiment important dans un grand magasin de sport. Je retrouve Jérôme à la Contrescarpe, il me parle de son prochain spectacle, *De Moïse à Mao*, qu'il doit créer à Strasbourg : « Si ça te tente ? Le problème, c'est que tu dois jouer, et en plus faire les lumières. Mais tu vas voir, ce n'est rien à apprendre. Tu vas te démerder, ce n'est pas dur. » De retour à Grenoble, j'hésite un peu, pas longtemps.

Ensuite, j'enchaîne pendant dix ans. Et je continue. On ne s'est jamais tellement quittés Jérôme et moi depuis la Round House, où j'ai appris à le connaître : il me présentait au public comme un bûcheron arrivant directement de sa forêt. C'est son truc, raconter des histoires. Quand je suis vraiment entré dans la troupe, j'ai acquis une position privilégiée, parce qu'il allait tourner un film qui se passe à la montagne. Il m'a pris comme conseiller technique. On s'est quelquefois engueulés, mais de moi, il en supporte pas mal. C'est dû aussi à ma carrure.

L'Histoire va toujours plus vite que l'idée qu'on s'en fait. On en est encore à s'interroger : comment rester pur et marginal, résister à la récupération institutionnelle, que déjà l'institution commence tranquillement à récupérer ses contestataires. Quoi qu'il en soit, le théâtre a besoin d'argent. De subventions. Sinon, il est voué à l'échec, à la disparition, y compris dans le secteur privé, subventionné sous forme de fonds de soutien, financé par les taxes sur les billets vendus, plus les aides de l'État et de la ville de Paris. Le fonds n'est pas destiné à la production, mais à l'entretien des salles, à leur fonctionnement. Au départ, les subventions publiques étaient destinées à compenser le manque à gagner des théâtres pratiquant des prix de place populaires.

On peut plaquer à la rigueur le mot « populaire » à côté de « prix des places », ou « à vocation ». Mais directement accolé à « théâtre », il ne s'emploie qu'avec des guillemets de distanciation. Sinon, il est synonyme de didactisme, de socio-culturel, de démagogie... Soixante-huit a fait sombrer dans un grand rire les pionniers du service public, les humbles qui se sacrifient pour faire accéder le plus grand nombre à la culture, les « ouvriers du spectacle ». Les années 70 sont celles d'un élitisme à la Mylord l'Arsouille. Les gauchistes parlent fort. Plus exactement ceux qui veulent parler directement au peuple, lui faire connaître les plaisirs des raffinements artistiques, qui ne sont plus qualifiés de « bourgeois ». Le partage des richesses, en somme.

« D'où parles-tu camarade ? Le théâtre dans la Cité. Théâtre et Citoyen. Le théâtre pour quoi, pour qui ? » Doctes thèmes en voie de disparition, un moment balayés par la recherche du « non-public ». C'est Francis Jeanson, ex-organisateur de réseaux pendant la guerre d'Algérie, qui lance la formule, en un temps où l'on veut « travailler au pays », réparer les effets des « génocides culturels » perpétrés à l'encontre des langues bretonnes ou occitanes. Entre autres. La confusion frise l'équivoque politique. Il ne s'agit pas de faire venir à toute force le non-spectateur au théâtre, mais de le « concerner » par les moyens d'une action culturelle « dialectiquement » complémentaire de l'action politique (et se différenciant radicalement au niveau des moyens), action de « civilisation », visant à fournir à chaque homme des moyens de se situer, de se choisir, de se politiser, de devenir progressivement un citoyen à part entière [1].

Seulement, logiquement, le non-public dans sa majorité, ne s'intéresse absolument pas au théâtre. Seule une action violemment volontariste, pour ne pas dire plus, est susceptible de l'attirer et de le retenir.

1. *L'Action culturelle dans la Cité*, par Francis Jeanson, 1973.

À la fin, la plupart du temps, on se retrouve parmi des gens totalement passifs, indifférents, somnolant les mains croisées sur le ventre, comme devant leur télé.

Dans un rude jargon mao-langue de bois, on s'interroge encore sur le contenu du mot « populaire » et sur celui de « fête » — est-elle démobilisatrice ? — que déjà elle s'éteint, la fête, et que le théâtre populaire se pare d'un luxe fascinant. La contestation est toujours présente, mais se pratique de l'intérieur, sous forme d'un dandysme arrogant : « L'État, ce monstre froid, et le gouvernement, ce ramassis de béotiens, doivent nous donner les moyens de nos désirs, puisque nous sommes des artistes », pensent et parfois disent les contestataires gauchos, rarement prolos. Dans ce domaine, le Magic ne fait pas tache.

Roger Planchon, qui d'ailleurs reconnaît et envie publiquement le charisme de Savary, raie de la décentralisation la notion d'austérité. Les acteurs doivent y être payés comme dans le privé, amorce d'une surenchère amplifiée par un calcul douteux : ils doivent être payés davantage puisqu'ils jouent moins longtemps que dans le privé. Planchon a voulu sonner le glas des mandarins, des nantis et de leurs privilèges au profit des jeunes loups. Dans la bergerie de Villeurbanne — à présent propriétaire du sigle TNP — il fait entrer Patrice Chéreau. Lequel inaugure sa codirection artistique avec une féerie nocturne : *Les Massacres à Paris*, d'après Marlowe. Une splendeur, dix-huit représentations, car elles ont commencé avec quelque retard, parce que le spectacle est trop cher, le décor trop lourd pour tourner. On est rarement allé aussi loin dans la désinvolture aristocratique, à l'exception de Luca Ronconi, quelque temps plus tard, quand il a monté *La Tour* de Hoffmannstahl, pour deux ou trois représentations — en deux soirées chacune — après avoir construit un palais dans un garage désaffecté, pour une jauge de soixante-quinze personnes. Résultat de plusieurs mois de préparation avec une quinzaine de comédiens, à Prato, près de Florence ; il est vrai que la représentation était destinée à être filmée par la télévision.

Ce genre d'opération, qui d'ailleurs s'appelle « laboratoire », s'inspire des laboratoires de recherche scientifique. Grotowski et ses disciples en ont été les modèles, mais ici, il ne s'agit plus seulement de creuser les capacités inexplorées des comédiens. La nouveauté est le luxe inouï des travaux. À Paris, l'arrivée de Michel Guy et du Festival d'Automne en 1972, officialise la tendance. Le festival doit relancer la saison par le prestige et l'avant-garde. Bob Wilson, les chorégraphes Merce Cunningham, Yvonne Rainer, les compositeurs Xenakis, Arrigo, les peintres Soto, Fontana, sont du premier programme. Michel Guy est un amoureux du beau, du bien fait, du chic, du « à venir »... Un homme de mode dans le meilleur sens du terme. L'inter-influence de la mode à proprement parler et des arts, est de plus en plus étroite. Dans ces années apparaissent les Thierry Mugler, les Claude Montana, les Jean-Paul Gaultier, se dispense le look clochard des Japonais, pulls déchirés, faux cuirs faussement moisis. Musique et fumigènes, les défilés sont des rituels théâtralisés et Rei Kawakebo (*Comme des garçons*) maquille ses mannequins en Marguerite Gauthier en phase terminale.

Entre la recherche d'une véritable culture populaire, formatrice du Citoyen majuscule, et les scintillements de la Bohême-caviar, on se demande quelle peut être la place de Jérôme et de son Magic Circus. Le sens civique est le dernier souci de ce libertaire dépensier, toujours endetté, puisqu'aussi bien, ses spectacles dépassent largement ses moyens. Pour l'instant, les subventions, il n'en reçoit pas. Le Magic est une société de salariés qui s'autofinance. Jérôme est invité à des colloques organisés par les départements théâtre des universités. Il représente « une voie nouvelle à côté des défenseurs de l'institution » et des vestiges d'un théâtre de saltimbanques à l'ancienne, façon Jean-Louis Barrault — qui, bouté hors de l'Odéon, vient s'installer à la Gare d'Orsay, après avoir tourné dans le monde, et échoué à l'Élysée-Montmartre.

On voudrait savoir comment Jérôme s'en sort : il ne s'en sort pas. Ses discours balancent entre l'affirmation bravache de son succès et d'affreux gémissements, d'effrayants récits de faillite proche. Pour une fois, c'est presque vrai. Si le Magic veut ne pas dépasser son budget et rester fidèle à son image insolemment bouffonne, il risque — comme plusieurs de ses suiveurs — de se ringardiser, de s'enliser dans les fêtes sympas des maisons de jeunes, dans les animations de quartier. Ou de se désintégrer. Jérôme dit souvent que son grand talent, c'est le flair. Instinctivement, il sait réagir aux mouvements du temps, aux désirs des gens. Après *Robinson*, il sait qu'il doit présenter un spectacle un peu moins aléatoire. Donc, trouver un endroit un peu confortable, un peu tranquille.

Le salut vient d'André-Louis Perinetti, nommé à la tête du Théâtre National de Strasbourg. Dans cet établissement public, soumis à la double tutelle des ministères de la Culture et des Finances, il a l'intention de faire venir ses amis, les marginaux de la Cité Internationale. Jean-Marie Patte — qui va somptueusement mettre en scène *Abel et Bela* de Robert Pinget — et Jérôme qui propose *De Moïse à Mao*.

Le titre sonne bien, c'est tout ce que Jérôme a écrit. Pour la suite, il attend de rassembler son monde. Les idées viennent des gens. Il trouve au TNS un concierge brun à moustache et mèche sur le front : le sosie de Hitler. Il y aura donc un Hitler dans le spectacle, et cet Alsacien taciturne tiendra le rôle. Par la suite, on s'apercevra qu'il fait partie d'un groupuscule néo-nazi. Jérôme prétend que non, mais qui sait si cet acteur de circonstance n'a pas souffert d'un phénomène d'identification. Sur scène, il était imperturbablement sérieux.

Les spectacles du Magic tiennent du music-hall. L'intrigue est tout juste un point de départ, ensuite alternent les péripéties, brutales et douces, érotiques et burlesques. Chacun exécute un numéro avec ce qu'il sait faire : chanter l'opérette, se balancer sur un trapèze, faire des claquettes... Et pour tous, l'acrobatie. Jérôme y tient toujours. Qu'ils aient peur ou non, ils doivent y passer.

La création de *De Moïse à Mao* a donc lieu à Strasbourg, sous chapiteau chauffé. « Cinq mille ans d'aventures et d'amour, en cent vingt-cinq minutes et toutes les chansons de Topor » — c'est le slogan du spectacle. Jérôme ne peut pas s'empêcher de mettre ses tracas sur la place publique. L'histoire commence en 1912 : la troupe des Vienna's Follies, perdue dans le désert du Nevada, attend les subventions promises par la reine Victoria... la tradition du Magic Circus veut que la troupe accueille les spectateurs, et double les ouvreuses. Syndicalement, elles ne peuvent pas être remplacées. Puis, sur scène, entre Jérôme, face blême aux yeux cernés de paillettes. Un nœud coulant descend des cintres, un pendu grimace et tournoie. En toute simplicité, se mélangent Adam et Ève, Sigmund Freud et Franck Einstein, les ancêtres aquatiques et simiesques de l'être humain, la Chine, la Bible, les trompettes de Jericho, David, Goliath, un professeur de danse unijambiste, Napoléon, la *Liberté* de Delacroix, Jeanne d'Arc...

Jeanne d'Arc chante « la mort est ma meilleure amie ». La mort est la fidèle amie du Magic Circus. Dans *Robinson*, Jérôme joue avec un lapin terrifié et harangue le public : « Un lapin, mille hommes, c'est ça la solitude. Et vous croyez qu'il a une chance ? La solitude, c'est comme la mort, quand ça vous arrive, personne n'est là pour vous tenir la main. » Et jusqu'à épuisement, il fait scander par les spectateurs « la mort, la mort »...

Dans *De Moïse à Mao*, on chante la mort, l'Alsace et la Lorraine, la guerre, les viols, l'amour. La démocratie, la Walkyrie, le rêve du cosmonaute planant, le délire du Marquis de Sade — strip-tease soudain froid comme le désespoir d'un faux travesti contre un mur de prison... Et puis des monstres hybrides, déchets de nos vies, rampent dans la pénombre, Dracula s'ennuie dans la monotonie de son cimetière. Le portrait de Mao surgit, aussi grand que dans les vrais spectacles de la Révolution culturelle, qui, rappelons-le, semble alors à son apogée, et continue de taquiner le masochisme des intellectuels.

Seul en scène, Jérôme-Moïse joue de la trompette. « Quarante histoires se chevauchent, solidement construites, fermement dirigées, avec une sorte de génie de l'absurde. Il est comme le centre d'une toile d'araignée mirifique, et le spectacle ne repose pas uniquement sur son seul talent de conteur » *(Le Monde).*

... l'enfant de la fête

De Moïse à Mao est le premier spectacle réellement professionnel du Magic Circus. Après Strasbourg et une tournée, il s'installe chez Jean-Louis Barrault, au Théâtre d'Orsay et y triomphe un bon moment. Jérôme n'entraîne plus les passants de la rue dans ses parades rutilantes. Il n'en a plus besoin, et les passants non plus. Cracheurs de feu, faux zèbres se réservent pour la scène. Pour la fête sur scène. Le Magic Circus a définitivement quitté la marginalité.

11

La décennie 70 arrive à son mitan, et Savary à une charnière de sa vie, professionnelle et personnelle. On ne va pas tenir un compte exact de ses amours, nombreuses et variées. La vie privée le reste, y compris celle d'un homme dont la première qualité n'est pas la discrétion. Pourtant arrive le moment où Jérôme se sépare de Sabine — « Elle est peintre et ne veut pas transbahuter en tournée ses toiles trop grandes », prétend-il. — Elle garde leur fils, Robinson, trois ans. Et puis Jérôme rencontre Mona.

Elle s'appelait alors Mona Mour, et gagnait sa vie dans un strip-tease de foire en banlieue, en compagnie d'une créature hormonée qui répondait au nom de Baby Love, chez un vieux travesti d'aspect convenable, perpétuellement vêtu d'une robe de ménagère et portant chignon : Madame Marcel. Elle était si fraîche, Mona, si mignonne, si gracieuse et malicieuse, qu'on ne pouvait manquer de la remarquer. Surtout dans cet environnement. On la fit donc remarquer à Jérôme, qui cherchait une ingénue pour son second film, *La Fille du garde-barrière.* Il lui donna rendez-vous dans un bistrot de la Porte Saint-Martin où il répétait *Good bye Mr. Freud.* Elle arriva, il la regarda, et qui a jamais douté de la réalité des coups de foudre n'a pas vu Jérôme rencontrant Mona pour la première fois. Ce pourrait être un scénario du Magic Circus et c'est strictement authentique. Leur histoire a duré dix-huit ans, deux filles en sont nées.

Le cinéma, Jérôme en a toujours rêvé : « Un jour, à Londres, j'ai compris ce que c'est. On faisait les brocantes du quartier indien, on cherchait des accessoires pour *Le Labyrinthe.* On arrive, on voit un attroupement : deux cents Indiens hilares. En face, Elisabeth Taylor, Joseph Losey maquillé comme un passeport, qui lui crie après parce qu'elle se trompe. Et à côté, un type crispé, avec un costume plein de taches d'omelette : le producteur. C'est ça le cinéma : une bande d'Indiens à moitié clochards, qui rigolent d'une superstar qu'ils ne connaissent pas, un producteur crasseux, un metteur en scène couvert de fard. »

Le Magic Circus participe en invité à un long métrage de Francis Warin, qui ne marque ni les mémoires ni l'Histoire : *La Vie facile.* Puis crée sa maison de production. Avec Christopher Lee, Micheline Presle, Michel Simon, Jérôme tourne *Le Boucher, la star et l'orpheline.* Si on l'en croit, il aurait d'abord raconté une histoire à Christopher Lee, et, encouragé par la réaction du Dracula anglo-suisse, aurait demandé l'avance sur recettes. Après quoi, il serait parti pour la Guinée-Bissau à la demande du leader de la lutte pour la libération contre le Portugal. Pas pour se battre, mais pour organiser des spectacles avec les enfants dans la brousse.

Personne n'est allé vérifier, mais plusieurs faits sont indéniables : le Magic est adoré des enfants, et Jérôme sait inventer des jeux merveilleux. Quand ses filles étaient petites, elles invitaient des copines et jouaient au « plus grand lit du monde » : tous les matelas par terre, et toute la bande étendue dessus, en rang d'oignons. Mona au milieu. Jérôme passait et jouait le contrôleur des wagons-lits, racontant une histoire effrayante inventée au fur et à mesure. À la Cité Internationale, André-Louis Perinetti lui a laissé le champ libre, et pendant quelques mois, les mercredis après-midi ont été des paradis pour quantité de mômes, qui n'ont jamais oublié.

D'autre part, Jérôme est réellement allé en Guinée-Bissau, échouant, raconte-t-il, chez Madame Yvette, un bistrot dans la brousse, où deux pilotes d'Air Gambie jouent au pocker en buvant beaucoup, où le claquement des canons portugais et le floc des mangues tombant des arbres, la nuit, sur le toit de zinc, se confondent... « Nous répétions dans une espèce d'enclos de terre battue, bordé de palissades en bambous d'un mètre cinquante de haut. Dès que résonnaient les premiers chants et les premiers tambours du spectacle, des centaines de curieux surgissaient de la nuit, s'agrippaient aux palissades pour observer mon travail. D'autres, plus intrépides, grimpaient aux cocotiers, et il y eut bientôt de véritables grappes humaines, qui riaient bruyamment à chacune de mes interventions... Les répétitions se passaient dans une constante bonne humeur. J'étais entouré de guerilleros en uniforme, qui parfois me donnaient des informations sur tel ou tel point de leur révolution. Mais pour ce qui concerne la mise en scène, ils me laissaient entièrement libre [1]. »

Mac Orlan revu par Tintin ? Allez donc savoir. Il est vrai aussi que sans être radicalement politisé, le farouche anar a été séduit par François Mitterrand, candidat malheureux aux élections présidentielles de 1974. Avec la fanfare du Magic il soutient la campagne, et en dépit de l'échec, participe, ainsi que Jacques Higelin, à la fête du 14 Juillet de Château-Chinon.

Il est vrai enfin que Jérôme a réalisé *Le Boucher, la star et l'orpheline* (sorti en 1975), que Micheline Presle et Christopher Lee en sont les vedettes, que Michel Simon y apparaît. Par amitié pour Gérard Croce, qui tient le rôle du boucher, il a passé une journée dans un bain de vapeur. On peut croire Jérôme quand il dit que le tournage a été un enfer. L'avance sur recettes (400 000 F) est notoirement insuffisante, les coproducteurs ne se bousculent pas. Jérôme se lance, comme il l'a toujours fait, sur le principe de « allons-y toujours, on verra bien ». Seulement au cinéma, les exigences économiques sont autrement strictes et contraignantes. Il opère comme il a toujours opéré, payant de sa poche, mélangeant — en toute illégalité — les différents budgets. Il s'endette, voit le moment où rien n'aura servi à rien, il doit arrêter. Il prend contact avec Christian Fechner, producteur des Charlots, groupe comique plutôt incisif à ses débuts, qui n'a pas supporté la célébrité. Avant de se séparer, les Charlots sont devenus les enfants débiles des comiques troupiers. Mais à ce moment-là, ils marchent du tonnerre.

Fechner reprend l'affaire, mais réduit singulièrement

1. *La Vie privée d'un magicien ordinaire...*

le budget. Avec les scènes déjà tournées de ce qui devait être un Western façon Magic Circus, Jérôme reconstruit l'histoire, quasi autobiographique, clame-t-il, d'un patron de boucherie chevaline fou de cinéma, qui tue pour se procurer des capitaux, devient célèbre le temps d'une mode, se ruine, se heurte au mépris du milieu, et repart courageusement. Le résultat est, disons, hybride. Homme de spectacle vivant, mouvant, aléatoire, Savary est mal à l'aise dans le monde de l'image définitive. Sa façon de raconter, déjà très particulière au théâtre, aurait dû, pour garder son charme, être confiée à un technicien-poète. Jérôme n'a pas d'expérience, aligne les tableaux de genre dont certains sont d'une subtile beauté, mais son film boite, on ne s'intéresse ni aux personnages ni à leurs aventures. Savary s'essaiera à nouveau aux films : en 1976 avec *La Fille du garde-barrière*, en 1979 avec *Les Contes d'Offenbach*. Décidément, ce n'est pas son affaire. Ni celle des producteurs. Mais bien que la vogue du cinéma parallèle soit balayée depuis belle lurette, *Le Boucher, la star et l'orpheline* aurait pu rencontrer son public dans un circuit réduit d'art et d'essai, et faire une petite carrière. Il sort dans une seule salle, sur écran panoramique, au Kinopanorama. Drôle d'idée, idée désastreuse.

Désastre d'autant plus cruel que du côté des planches, ça ne va pas non plus. Pourtant, ce milieu de la décennie 70 s'annonce au mieux. Michel Guy quitte le Festival d'Automne pour devenir secrétaire d'État à la Culture. Il veut substituer les jeunes loups qui piaffent aux mandarins encore en place, lesquels emplissent les médias de leurs rugissements, sur le thème : c'est le public qu'on pénalise, de pétitions photocopiées ayant recueilli des milliers de signatures, d'appels à la résistance. Ainsi, Guy Rétoré, menacé de devoir quitter son Théâtre de l'Est parisien — déplacé depuis dans une petite salle du XXe arrondissement, et remplacé par le bâtiment tout neuf du Théâtre national de la Colline — promet qu'on ne l'en délogera que par la force des baïonnettes. Il y restera. D'autres se voient imposer une double direction avec un jeune, sur le modèle Planchon-Chéreau. Mais pour ces deux-là, le choix s'est fait librement, ensuite tout le monde n'est pas Planchon-Chéreau. Enfin, de toute façon, l'association fut brève.

On reproche à Michel Guy de pratiquer la valse préfectorale et le « fait du prince ». Il ne le nie pas. Savary fait partie de ceux qui le défendent, et qui ne sont pas tous de droite. C'est plutôt du côté de sa famille politique que Michel Guy entend les reproches. Il répond : ce n'est pas ma faute si les talents se trouvent à gauche.

L'affaire est plus compliquée avec Jack Lang, qui a quitté le Festival de Nancy. Il est nommé en 1972 à Chaillot, en principe pour en faire un Théâtre national de l'Enfance, et transformer la vieille salle vilarienne en « espace » ultra-moderne, technologique, et modulable. Michel Guy et lui se ressemblent tant qu'ils se haïssent. Le nouveau ministre prend prétexte de l'état lamentable des travaux pour éjecter la famille Lang, qui hurle, menace, téléphone, ameute, fait le coup des pétitions aux signatures exotiques et prestigieuses. Rien n'y fait. Michel Guy nomme Jean-Pierre Vincent au Théâtre national de Strasbourg et André-Louis Perinetti à celui de Chaillot. Et puisqu'Alain Crombecque le remplace à la tête du Festival d'Automne, tous les copains sont là, la vie devrait être belle pour Jérôme Savary.

Effectivement, Alain Crombecque lui passe commande. Jérôme retrouve Copi, ils écrivent le canevas de *Good bye Mr. Freud*, « opéra-tango tchekhovien et quelques chansons ». Micheline Presle est Mimi Freud, héroïne d'abracadabrantes aventures. Désormais, la vedette du Magic Circus, ce n'est plus la camarde, mais à chaque fois que c'est possible, une vraie star comme Jérôme les aime. Les aventures sont tout de même épouvantables : violée, puis recueillie par Dracula, Mimi Freud, qui dans sa fuite a emporté les bijoux de la couronne du tsar, met au monde un bébé bossu, le petit Sigmund. Celui qu'elle fuit est le diabolique Marcello Marx. Ses pérégrinations la mènent en Suisse chez Guillaume Tell, à Venise où elle s'embarque sur le Titanic, dans un beuglant de Chicago, un bordel de la Nouvelle-Orléans, dans les forêts hallucinées d'Amazonie, au milieu des poubelles new-yorkaises dégorgeant leurs ordures... Et c'est ainsi que Sigmund Freud inventa la psychanalyse.

La Porte Saint-Martin est un théâtre à l'italienne, avec cintres, dégagements, tournettes. *Good bye Mr. Freud* multiplie les toiles peintes qui se lèvent et se baissent, les perspectives de panneaux découpés, les barques glissant dans le lointain... À l'entracte, Ernesto Rondo chante des tangos. Jérôme perd la tête. Il s'émerveille, rajoute, supprime, reprend, se noie dans un foisonnement visuel certes magnifique, mais finalement encombrant. Trop lourd esthétiquement et financièrement. La Porte Saint-Martin est une salle privée. Le personnel est moins nombreux que dans le secteur public, mais tout coûte plus cher. Le spectacle marche, les critiques sont en gros favorables. Pourtant, un jour, l'administrateur, Christian Gay-Bellile, déclare : « Il faut mettre la clef sous la porte. »

CHRISTIAN GAY-BELLILE

Je suis trésorier à l'UNEF quand je vois Jérôme pour la première fois, à l'occasion du fameux festival avec les Chinois, organisé par Alain Crombecque. Ensuite, je participe à *Zartan* et à *Robinson*. J'entre dans la troupe, à laquelle je donne son premier statut juridique. J'y reste treize ans. Officiellement je suis administrateur. En pratique, tout le monde s'occupe de tout. Je fais la régie lumière, je conduis des camions... C'est dur, mais j'arrive d'un bureau d'études de marché sur les produits chimiques et les biens de consommation alimentaire, et c'est quand même plus amusant : un monde ouvert, avec des perspectives. Pas dans le domaine lucratif, mais intellectuellement, elles sont plus riches que partout ailleurs. Et puis il y a l'attrait des voyages.

Le temps embellit les souvenirs. Si pendant les spectacles, j'éprouve des émotions extraordinaires, le quotidien, parfois, s'avère pénible. Jérôme est extraordinairement attentif aux images sur scène, mais pour le reste, l'administrateur doit se débrouiller, canaliser les dépenses. Or, les capacités financières sont nulles. Jusqu'en 1975, le ministère ne donne pas un franc. De 1975 à 1981, il débourse entre 200 000 et 300 000 F. C'est carrément peu. La troupe est permanente, avec en moyenne vingt personnes à demeure. On part de rien pour faire tout, on va acheter des vêtements aux Puces, des tissus au marché Saint-Pierre. Pourtant, arrive le moment où je dois mettre le holà.

Nous fonctionnons sur une anticipation financière. Les spectacles se vendent bien, les tournées sont censées payer les productions, l'acrobatie est permanente. Quant à Jérôme et la gestion... C'est un imaginatif, qui veut faire plier la réalité économique à la force de ses rêves. Nous avons eu des engueulades mémorables. Perpétuellement fauché, il se plaint de ce que je ne l'augmente pas, ne comprend pas qu'il y a une société dont il est directeur, et dont je ne peux pas déséquilibrer le budget sous prétexte que lui, ou un autre membre de la troupe, a des problèmes d'argent. Pour lui, c'est simple : je contrôle l'argent, donc je suis son banquier, son producteur.

Dans la mouvance de 1968, nous avons mis en place un système égalitaire. Les acteurs ne sont pas mal payés, et le sont régulièrement. On institue des primes pour ceux qui ont des enfants. Après quoi, certains se découvrent des enfants en Amazonie. Il faudrait leur donner la prime, plus de quoi payer les avocats qui vont leur permettre de récupérer leur progéniture. Naturellement, Jérôme les soutient. Les autres gueulent. La contestation est permanente. Bien que le travail soit qualifié de "création collective", que la part d'improvisation de chacun soit réellement importante, Jérôme, à juste titre, se considère comme l'auteur des spectacles. C'est donc lui qui touche les droits d'auteur.

On essaie d'établir une hiérarchie des salaires selon l'ancienneté, mais ça ne marche pas. La tendance profonde demeure égalitaire. Cela dit, Jérôme est le patron. Dictateur ? Pas vraiment. Les acteurs ne sont d'ailleurs pas prêts à se laisser manipuler. Le charisme de Jérôme est incontestable, il arrive toujours à persuader ses interlocuteurs, à leur faire admettre ce qu'il veut. De tous, il est le plus inventif, possède un sens rare de la mise en espace, en images. La troupe le reconnaît, elle obéit. Ceux qui ne le supportent pas, comme Jacques Coutureau qui a longtemps composé la musique, s'en vont. Est-ce vraiment de la dictature ? Jérôme essaie de forcer les capacités des acteurs. Il exige des performances techniquement impossibles, et nous avons vécu de véritables rébellions. Mais en fin de compte, le spectacle efface les divergences.

Le Magic Circus donne l'impression d'une grande troupe permanente, d'une famille. En réalité, les comédiens vont et viennent. Pourtant, comme tous les metteurs en scène, Jérôme déteste les voir jouer ailleurs. Ils restent en moyenne entre dix-huit et vingt mois, sautent un spectacle, vont prendre l'air, puis retrouvent leur place, à côté des nouveaux. Dans *Good bye Mr. Freud*, il y a une cinquantaine de personnes, c'est énorme. Malgré les 50 à 60 000 spectateurs en cinq mois, le spectacle ne fait pas les frais. Nous n'avons toujours pas de subvention, et le Festival d'Automne fournit l'infrastructure, mais pas la production. Je me retrouve dans un système qui m'est étranger, que je ne parviens pas à contrôler.

Quand on travaille avec un théâtre national, comme on l'a fait avec le TNS pour *De Moïse à Mao*, un grand nombre de dépenses se diluent dans le budget de la structure d'accueil, et on ne se rend pas compte du coût réel de la production. À la Porte Saint-Martin, on est bien obligés de se rendre compte. Dans ce métier, tout le monde a fait faillite au moins une fois, mais le boulet sera long et lourd à traîner.

Le Magic est en train de muer. Guidé par son flair, Jérôme sent que la référence au petit cirque miteux a fait son temps. Il n'y a là aucun calcul. Simplement il commence à s'ennuyer, et comme d'habitude, il tombe juste. La permissivité et les grosses blagues se sont banalisées sans être totalement entrées dans le quotidien. La grivoiserie braillarde du Magic gêne. Dans une émission d'Antenne 2, un passage de *Good bye Mr. Freud* déclenche l'indignation de téléspectateurs, l'ire du directeur Marcel Jullian, qui menace de supprimer à jamais l'émission. Le réalisateur présente ses excuses, Jérôme assume. Le ridicule devient plus gênant que les potacheries du Magic, qui demeurent bien loin de ce que l'on peut entendre et voir aujourd'hui aux heures de grande écoute. Il faudra attendre les chaînes privées pour avoir droit au porno soft non crypté et à la violence sadique sans carré blanc.

Le jeune théâtre prolifère à une vitesse débordante. Les compagnies se multiplient. Avec rien, avec trois francs, deux idées, quatre copains, elles présentent un spectacle, puis revendiquent une subvention. Ce n'est plus de la marginalité, c'est de l'amateurisme, parfois dans le pire sens du terme. La réaction est forcément radicale. On exalte le professionnalisme, totalement lavé du péché de valeur bourgeoise. Et le sérieux. Et le fric. D'autant que le vent commence à souffler d'Allemagne, un peu de la RDA, surtout de la RFA où les institutions sont nombreuses, excessivement riches, tenues par des personnalités immenses.

Outre-Rhin, le théâtre est aussi important que la musique, et bien plus que le cinéma. Question de tradition, d'organisation. Les metteurs en scène français envient ces établissements dont la moindre subvention dépasse celle de l'Opéra, qui bénéficient d'un quasi-monopole dans la ville, pratiquent l'alternance, disposent de plusieurs salles, de staffs techniques, de dramaturges, de troupes permanentes. Et puis vient de naître à Berlin la Schaubühne, collectif dirigé de main de fer par Peter Stein, et qui avec moins d'argent que d'autres — mais quand même plus que la plupart des Français — s'est débarrassé d'un cahier des charges, en général contraignant.

Jérôme Savary...

Peter Stein peut répéter autant de mois qu'il lui semble nécessaire, emmener ses comédiens en Grèce pour préparer *Prométhée*. La salle où il est installé à Kreuzberg, modeste, est réellement modulable. Il y construit une rue de Paris pour sa mise en scène de *La Cagnotte*. Klaus-Michael Grüber [1] le rejoint. Botho Strauss est son dramaturge. Avant d'écrire ses propres pièces (*Grand et Petit*, *La Trilogie du revoir*, *Le Parc*, entre autres), il adapte Ibsen (*Peer Gynt*) Gorki (*Les Estivants*, *La Tragédie optimiste*). Les meilleurs comédiens sont là : Bruno Ganz, Juta Lampe, Otto Sanders, Edith Clever... Peter Stein est devenu le modèle européen. C'est dire si l'improvisation et l'aléatoire sont passés de mode. C'est pourtant d'Allemagne que pour Jérôme vient le salut.

---

1. L'un des metteurs en scène allemands les plus mystérieux, les plus envoûtants. A travaillé au Piccolo Teatro de Milan et à Paris.

12

Les Allemands ne sont pas encore arrivés sur les scènes françaises que déjà leur influence se reconnaît chez nos hommes de théâtre. Ils aiment Berlin-Ouest, ville nonchalamment snob, île capitaliste sur-subventionnée posée au milieu de la RDA, face à Berlin-Est, vitrine du socialisme sur-privilégiée. C'est chic d'y aller, de prendre l'avion, de changer à Düsseldorff, de se faire secouer dans le couloir aérien, de hocher la tête devant le mur, de se vêtir en intellectuel de gauche, de se rendre à la Schaubühne (à Kreuzberg, avant qu'elle déménage Lehninerplatz) par le métro aérien, de guetter à la cafétéria du théâtre le passage des comédiens, de s'asseoir le moins inconfortablement possible sur les sièges à dossier droit. Les spectacles durent rarement moins de quatre heures ; ils sont aussi importants, éclatants que ceux du Berliner Ensemble un quart de siècle auparavant. Plus chic encore, on revient « en ville », retrouver Peter Stein et quelques autres chez Mario, leur pizzeria favorite. Là vibre l'esprit le plus dense de Berlin, tandis qu'au

Paris Bar, éperonnés par la nouvelle cuisine et les vins français, se croisent les teigneux, les Zadek, les Fassbinder[1].

Fassbinder et sa bande représentent presque à eux seuls le renouveau du cinéma allemand, qui déboule avec son anarchisme furieux. Rien de bon enfant. Werner Schroeter reconstruit les artifices funèbres de l'Opéra, l'Opéra qui connaît une vogue incroyable. Après les réussites de Strehler et de Lavelli, on dépoussière le répertoire en sollicitant les metteurs en scène de théâtre, censés être des « virtuoses de relectures à la lumière (comme on écrit alors) de Marx et/ou Freud, ou/et à travers les grilles du structuralisme ». Quant à eux, fascinés par les dimensions financières et scéniques de l'art lyrique, ils y prennent des habitudes dispendieuses. Et puisque, en matière de lumière et de son, la technique progresse à grands pas, le spectaculaire devient éblouissant, et envahissant.

Murs de lumière, environnements sonores, néons, basse tension, vidéos reprenant l'image en direct, la multipliant en mille fragments, vidéos sur écrans géants pour les cent mille spectateurs des concerts rock, vastes discos à plusieurs niveaux, où un videur à l'entrée désigne du doigt qui a droit ou non d'entrer, de se faire catapulter dans les stridences, les rugissements, de se faire découper par des éclairs stroboscopiques d'où surgissent des créatures pailletées, robots hybrides, sans regard derrière les lunettes opaques, et qui se désarticulent à côté de leurs voix amplifiées par un play-back apocalyptique.

---

1. Fondateur de l'Anti Theater, cinéaste, chef de file du « nouveau cinéma allemand ». Figure symbolique des révoltes et des excès des années 70.

Déchaînements clinquants, recherches techno-structuralistes, déconstruction du récit, violence des images, exigence de responsabilité historico-politique, nouveaux philosophes, critique marxiste du marxisme... Qu'allait donc faire Savary dans cette galère ? Eh bien, justement, on en a de plus en plus besoin comme d'une couleur fraîche dans un ensemble monochrome, la trace d'un feuillage contre un rempart de béton. Il est de plus en plus seul. À ses débuts, il a profité d'un mouvement d'insouciance libertaire, coups de pieds de gosses dans des murs déjà à moitié pourris. Et ce mouvement n'existe plus, il s'est à son tour effrité. Les babas planants se terrent désormais avec leurs utopies de flower power dans les montagnes Rocheuses ou dans les Causses. Voici venu le temps des assassins. Tout au moins d'une violence qui se mondialise. Terrorisme, détournements d'avions, otages, forces spéciales d'intervention, fondamentalisme, fous de Dieu, massacres... Ni les canulars ni les provocations ne sont plus subversifs : trop puérils. Le caudillo va mourir, torturé par l'acharnement thérapeutique, pantin sénile à qui on retire chaque jour une livre de chair en attendant de régler sa succession. Ce pourrait être une pièce d'Arrabal, mais sans la haine de Franco, Arrabal semble amputé.

Jodorowski est reparti pour les Amériques. Topor dessine, et les bistrots de la rive gauche résonnent de ses rires transperçants. Victor Garcia se suicide à grandes rasades. Copi écrit, ses pièces sont jouées, il erre, frêle silhouette, sourire embrumé de marijuana. On ne connaît pas encore la peste du sida. Installé en Italie, le Living Theatre tente un retour à Bordeaux où, en 1967, il avait provoqué une émeute. Difficile, même dans ses pires cauchemars, de rêver plus sinistre que la représentation des vieux hippies entourés de garçons et de filles franchement maladroits, clamant le droit à la poésie, la nécessité de refuser les cadences infernales, devant un public de jeunes angoissés par le chômage. Fin d'une légende.

Jérôme continue. Malgré ses échecs répétés au cinéma et le démantèlement de la troupe, il ne baisse pas les bras. Il est appelé par Ivan Nagel, directeur du Schauspielhaus de Hambourg, francophone et francophile, qui a vu *De Moïse à Mao*, en a été enchanté. Il a compris quelle sorte d'électrochoc peut provoquer le clown Savary dans un paysage théâtral fort riche, mais uniforme. Uniforme et austère. D'une ville à l'autre, les conditions de travail sont des copies conformes. Et c'est fou ce que, à quelques exceptions près, les bâtiments se ressemblent, en particulier dans les petites villes, où ils répondent aux mêmes nécessités, sont construits selon les mêmes plans : look sévère des années 50, fondé sur le fonctionnel et la pluridisciplinarité. Ils ont quelque chose de provincial, de compassé. De répétitions en représentations, les acteurs y passent leur temps. Ils boivent, dînent, soupent, s'imprègnent des odeurs d'oignon et de bière dans les cantines en sous-sol, à peine moins pimpantes que des restos-U.

Pour Ivan Nagel, Savary tombe au moment juste (et vice versa). Nagel lui demande de secouer le confort intellectuel de son public sans pour autant lancer des appels révolutionnaires. Jérôme se pare du charme de l'exotisme, tout en offrant des repères : ceux du cabaret, pour sa vitalité, son agressivité, son goût des bariolages clinquants, sa grossièreté roublarde. Ceux du kitsch, cette manière allemande, née à Munich, de jouer simultanément sur la naïveté et l'outrance, de faire naître la poésie du détail en trop.

En 1975, Jérôme est engagé à Hambourg, sans le Magic Circus momentanément hors course. Comme il est bien incapable de rester seul dans une ville inconnue dont il ne parle pas la langue, il fait engager Dudu — qui en trois mois arrive à communiquer, alors que Jérôme ne parviendra jamais à rien de ce côté-là — et Sabine pour les décors. Mona l'accompagne. Il met en scène *Leonce et Lena*, de Büchner. Pour la première fois un texte classique. Pour la première fois, il n'est pas sur scène. Pas question, donc, des approximations habituelles, rattrapées par son génie de l'improvisation. Pour la première fois, il a à sa disposition une équipe et une organisation auprès de quoi celles du TNS font figure de jardin d'enfants.

Pour la première fois, il doit faire face à des comédiens ultra-professionnels, dont il a évidemment du mal à se faire comprendre. Il ne peut pas s'en tirer par la colère, les bordées d'insultes blessantes, suivies d'excuses, de bouquets de fleurs, ou de la cuite en commun quand ça devient indispensable. Pour la plupart, les acteurs écoutent tranquillement les hurlements furieux — ils doivent se dire que c'est le tempérament français — tentent de calmer les crises d'angoisse, apprécient la capacité de Jérôme à descendre les lourds vins du Rhin. Ils se font entendre en anglais ou par l'intermédiaire d'un assistant bilingue, angéliquement patient.

En vérité, Ivan Nagel joue gros. C'est du quitte ou double, et dès le premier spectacle, il gagne. Ils gagnent tous les deux. Jérôme se lie d'amitié avec Peter Zadek, le directeur du Théâtre de Bochum, venu présenter un *Roi Lear* rude, déchiré, hérissé de détresse, et qui lui fait connaître les contradictions de cette ville majestueusement bourgeoise, de ce port immense, poétique, aux frontières d'un légendaire quartier chaud. Un ensemble de rues lugubrement fonctionnelles, sans rapport avec les paillettes, la crasse, les lampions de Pigalle. Ni avec le romanesque des chansons de Piaf : « C'est à Hambourg, à Santiago, à Whitechapel ou Borneo... » À l'aube, après une longue randonnée nocturne, Hambourg offre aux touristes les scintillements du marché aux poissons, son odeur de saumure.

Auparavant, on est allé au Salambo (une découverte de Peter Zadek), cabaret porno dont l'animateur en smocking se balade de table en table avec des airs de butler. Le spectacle comprend des tableaux patriotiques, des éphèbes nus debout sur un coquillage tournant, le sexe au repos, puis après un tour, augmenté d'une prothèse faramineuse. Mais le Salambo s'adresse principalement aux mâles hétéros, agacés par des jeunes filles qui errent parmi eux, une bouteille de Perrier à la main... Le clou du spectacle est la performance d'une blonde à bourrelets, que deux assistants assoient sur un godemiché monstrueux. Elle s'y agite vigoureusement sur l'air de *Kalinka*, tandis que derrière elle se lève le drapeau rouge — délicate attention pour les marins soviétiques ?

Jérôme se rassure, ce n'est pas dans cette ville qu'il va faire scandale. Mais il se montre prudent. Il suit fidèlement le texte de Büchner, fable amère qui conte l'histoire d'un prince et d'une princesse, Leonce et Lena. Refusant leur mariage imposé, se rencontrant sans se connaître, ils s'aiment. Valerio, sorte de Scapin attaché à Leonce, propose un subterfuge. Il les déguise en automates, les présente à la cour, et par plaisanterie, le roi les unit, tout rentre dans l'ordre. « Je ne veux pas qu'un farfelu de mon espèce déçoive les écoliers allemands », déclare Jérôme. Il enveloppe l'histoire et les personnages d'une tendre nostalgie soixante-huitarde : « Büchner a essayé de faire la révolution, il est mort jeune sans y parvenir. Je ne peux pas croire qu'il ait réellement souhaité cette utopie écologique sans loi, sans travail, dominée par la religion du bon sens, respectant tout le monde. Je ne veux pas croire qu'il ait souhaité cet État poujadiste. »

Découvrant l'emploi des dramaturges, Jérôme prend ses distances, fait de Leonce et Lena des ados ronchons, un peu bébêtes, qui attendent le mariage en s'ennuyant déjà. Il s'identifie au malin Valerio, traite le roi et la cour en fantoches, les inscrit sur fond rouge dans un cadre doré, au-dessous d'une rocaille que l'on descend en trébuchant. Le peuple se rassemble sur la place du village pour une scène — extraite de *Woyzeck* — de mise aux enchères. Actions parallèles des faneuses coupant de l'herbe : Jérôme Savary, metteur en scène planchonien.

Vraie réussite, le spectacle rencontre un vrai succès. Il marque le début d'une longue idylle entre Savary et les Allemands. Pas tous, cependant. Il arrive là-bas ce qui arrivera ici quand du statut de victime, Jérôme passera à celui de nanti, quand il fera partie de l'establishment friqué. Il reçoit de plein fouet le mépris de l'intelligentsia, suffoquée par le schématisme de son analyse, par la façon dont il va droit au but, dont il évacue ce qui le gêne au lieu de comprendre ce qui ne va pas et de chercher des solutions. Résultat : Jérôme étant un artiste, donc paranoïde, voit son mal, en Allemagne, s'aggraver sérieusement. Il fait partie des gens qui veulent être reconnus et aimés pour ce qu'ils ne sont pas. Peut-être ses qualités propres lui paraissent-elles d'une éprouvante banalité, il a tort. Heureusement pour lui, d'autres savent apprécier. Ivan Nagel lui demande de mettre en scène *La Périchole*. Le triomphe est tel que Jérôme va devenir le spécialiste d'Offenbach. En 1979, il monte *Le Voyage dans la lune* au Komische Oper de Berlin-Est — théâtre marqué par le très sérieux metteur en scène Felsenstein, comme le Berliner par Brecht.

« Lorsque est entré le fils du roi au volant de sa torpédo crachant le feu, les spectateurs ont murmuré "ah" (...). Trois heures plus tard, ils s'arrachaient la paume des mains et faisaient trembler le plancher pour saluer la plus merveilleuse féerie qu'on puisse imaginer (...). Le spectacle est drôle, rapide, énorme (deux cent cinquante personnes sur scène : chanteurs, danseurs, chœur, acrobates) rempli de gags, de trouvailles. Le génie de Savary, c'est de savoir non seulement inventer, faire marcher, mais exprimer simplement des idées fortes : sur les rapports de pouvoir et sur la vie quotidienne du citoyen. Et tout ça avec gaieté et insolence, vertus rares aujourd'hui » *(Le Monde)*.

Vertus rares en effet, particulièrement en RDA, dans toute la Prusse d'ailleurs, qu'elle soit d'Est ou d'Ouest. On y pratique une satire grinçante, aigre, aux couleurs morbides de l'expressionnisme. Entre-temps, Peter Zadek — que l'intelligentsia n'aime guère non plus — invite Jérôme à Bochum, pour monter *Mère Courage* de Brecht, dont les héritiers refusent l'adaptation proposée. Qu'à cela ne tienne, Jérôme fera écrire une pièce d'après le roman picaresque dont s'est inspiré Brecht. Puis il s'attaque aux *Trois Mousquetaires* à Manneheim, crée *Le Tour du monde en quatre-vingts jours* et *La Vie parisienne* à Hambourg...

En 1981, à Berlin-Ouest, Jérôme rejoint Zadek, parti de Bochum, et règle les tableaux de music-hall de son spectacle, *Jeder Stirbt für Sien Allein.* Tiré d'un roman homonyme de Fallada, il raconte le parcours d'un Allemand moyen pendant la montée du nazisme, auquel s'ajoutent des lettres authentiques écrites par la femme de Goering. Un scandale. En particulier sur le travail de Jérôme, directement inspiré par le film de Mel Brooks, *Les Producteurs* — histoire d'un malheureux metteur en scène de Broadway qui invente une combine mirifique : il ramasse de l'argent pour un spectacle, en promettant à chacun 50 % des bénéfices. Il s'agit donc de trouver la pièce la plus ringarde, de la monter de la façon la plus ridicule, de faire un bide noir, d'être obligé d'arrêter les représentations, de perdre de l'argent et de garder celui qu'on n'a pas dépensé. Il trouve la pièce d'un néo-nazi cinglé, éleveur de colombes : *Springtime for Hitler*, dont il fait une sorte d'extravaganzia à la Ziegfeld, avec girls en uniforme de SS. Naturellement, le spectacle fait un triomphe...

Jérôme rêve de Broadway, adore le film, en perpétue l'humour sauvage. Sur fond de Tour Eiffel, une armée de danseuses menées par un travesti franco-berlinois descendent un grand escalier, coiffées d'un casque, de quelques plumes, d'un brassard à croix gammée. Zadek est ravi. Les Berlinois se sentent mal. Jérôme tente d'expliquer qu'au début de l'Occupation, les premiers établissements à avoir réouvert ont été les Folies Bergère et quelques bordels. Il n'a jamais été très diplomate.

En dépit des grimaces, le spectacle est l'un des plus durables succès de Peter Zadek. Jérôme en recueille lui aussi les effets positifs. Star bien aimée du public allemand, et des directeurs qui veulent remonter leur moyenne de fréquentation, il retrouve un peu de confiance en lui, s'habitue à déplaire à la presse intellectuelle, plus intellectuelle qu'en France, et plus influente. Rassuré, il reforme le Magic Circus.

13

« Les Allemands m'ont sauvé la vie », reconnaît Jérôme, qui se décrit comme un immigré, un STO de luxe, moitié chef de gang, moité papa-pélican. Le voilà à sept heures du matin, prenant l'avion avec ses comparses, et revenant le soir, les poches pleines de deutschmarks qu'il distribue aux femmes et aux enfants. Cloîtrés, tapis dans l'ombre de peur des huissiers venus apposer sur la porte les scellés de l'infâmie, à la lueur d'une pauvre bougie, ils attendent le retour du mâle pour acheter quelque nourriture. Triomphant, il arrive, et d'un geste large fait valser les billets à l'effigie de Luther. N'en croyant pas leurs yeux, la femme et les enfants lui baisent les mains, lui donnant le courage d'aller payer son dû aux fournisseurs. Après quoi, devant un bon feu, ils chantent en chœur. Autre version : tous vont faire la fête, rencontrent Topor au bistrot, inventent des projets miraculeux, les prochains triomphes du Magic Circus, et s'en retournent en titubant, tandis que le bistrotier contemple avec satisfaction l'addition la plus extravagante qu'il ait jamais eu à faire payer.

« J'ai eu l'intelligence de demander tout de suite un gros cachet aux Allemands, je n'avais rien à perdre. Ils ont accepté et en plus, m'ont appris mon métier. Dix ans après mes débuts. »

En Allemagne, Jérôme apprend ce que signifie gagner de l'argent, mais pas seulement. Il apprend à faire construire des décors dont le coût lui aurait permis de monter deux spectacles. Il apprend à se soumettre à une organisation qui prend en charge et contrôle les questions pratiques. Il n'a pourtant pas l'intention de s'installer là-bas. D'ailleurs, on ne le lui demande pas. Pas plus qu'aux autres metteurs en scène français, invités de temps en temps, ici ou là, pour combler les vides : dix créations par an, c'est dur à assumer. D'une façon générale, si Ariane Mnouchkine puis Patrice Chéreau sont devenus célèbres outre-Rhin, c'est en faisant tourner leurs propres spectacles. La plupart de ceux qui ont voulu s'intégrer au système allemand ont été laminés. À l'exception de Jérôme.

Il a au moins la chance de plaire à la masse du public, et même, à force, à quelques intellectuels que son étrangeté ravit. Il tient à garder son caractère exotique, il a raison. Le flair, toujours le flair. Il sait aussi que le Magic a encore des choses à dire, à faire entendre. La preuve : primo, il en éprouve le besoin. Secondo : il décroche en 1976 une subvention de 200 000 F au titre de « jeune compagnie ». C'est minable, mais c'est le premier signe de reconnaissance officielle. Comme il ne peut jamais se contenter d'une seule activité, pendant les répétitions de *Leonce et Lena*, il a écrit. Du moins a-t-il trouvé un titre : *Les Grands Sentiments*, qu'il demande à Ginzburger de vendre, que Ginz vend plus de cent fois avant même de savoir de quoi il s'agit. À Gay-Bellile, Jérôme demande de reconstruire le Magic Circus.

CHRISTIAN GAY-BELLILE

La manière dont fonctionne Jérôme est assez terrifiante pour un administrateur. Il arrive et me dit : « Ça y est, j'ai une idée géniale, je vais faire un one man show. On va pouvoir tourner sur des petits plateaux, gagner un peu d'argent, payer nos dettes, repartir à zéro. » Progressivement, j'apprends qu'il en a parlé à Dudu, à Poisson, aux fidèles. Il ne peut pas s'en empêcher. En fin de compte, il réclame six ou sept musiciens, puis quatre ou cinq danseuses. On arrive à quinze personnes. Si on n'y prend pas garde, les machinos sont intégrés au spectacle, si bien qu'il faut en engager d'autres. *Good bye Mr. Freud* nous a fait plonger, alors merci, nous avons mis six ans à payer les dettes. C'est là que j'interviens. Je dois aller aux répétitions m'opposer systématiquement au premier dérapage de ce genre.

MICHEL DUSSARAT / DUDU

Pour *Les Grands Sentiments*, nous partons avec 10 000 F. Le spectacle est vendu avant d'exister, nous devons faire la première à Villeneuve-sur-Lot. Perinetti nous ouvre Chaillot pour répéter, il nous a toujours aimés et aidés, cet homme-là. Il nous donne les ateliers, j'habille la moitié des acteurs avec les costumes de *Mahagonny*, que Georges Wilson [1] avait mis en scène quelques années auparavant. C'est vraiment un bon souvenir. Je ne dis pas que nous sommes prêts ; avec Jérôme on ne l'est jamais. C'est

---

1. Acteur, metteur en scène, a succédé à Jean Vilar au TNP Chaillot. Directeur du Théâtre de l'Œuvre à Paris.

au public que les idées lui viennent. Mais c'est le vrai Magic Circus.

La première des *Grands Sentiments*, en 1975, fait date dans l'histoire de Villeneuve-sur-Lot. Les journalistes sont priés d'attendre les représentations achetées par le TEP, et données sous chapiteau. On nous dit que c'est le même cirque que la première de *Robinson* au Sigma de Bordeaux : une pagaille noire et Jérôme qui casse la baraque.

« Les larmes bleues de Jérôme Savary pleurent sur sa joue crayeuse de clown la fin du temps de l'insouciance (...). Dans ce comte de fées, presque philosophique, se croisent les aventures d'une orpheline belle comme Cendrillon, émouvante comme la petite marchande d'allumettes, et les avatars d'un cirque anachronique qui tente de vivre en marge du show bize et n'y parvient pas. On y voit une fête de Noël se terminer dans la neige par la mort d'un enfant, le roi du Brésil devenir prince de théâtre, Lola Montès raconter ses anciennes amours glorieuses, un combat de coqs truqué, des artistes au chômage se recycler dans le porno hard, la douce orpheline apprendre les bonnes manières, se résigner au strip-tease, se révolter, monter au paradis — paradis d'un Christ torturé — rejoindre ses amis en enfer, où, comme au paradis, règne l'ennui de l'éternité.

Une fois encore le Magic Circus raconte sa tendresse pour les glorieux misérables, les enfants du voyage, vieux Petits Poucets qui ne grandiront pas, qui poursuivent leur jeu de cache-cache avec leurs souvenirs dans le jardin enchanté où rôde la mort, reine blanche au masque de Carabosse. Le Magic Circus se raconte, paraphrase ses propres aventures, les faux-semblants de la fête utopique, la course ruineuse à la richesse, les illusions perdues, les espoirs retrouvés (...). Ce n'est pas une autocritique, c'est une confession tonitruante, des minutes de vérités lancées en pagaille comme des confettis (...). Le désespoir ne se farde plus de gentillesse, le rire s'avoue l'alibi de la peur. Le Magic Circus décape vigoureusement sa légende, et en dégage la trame. Il fait redécouvrir son agressivité, et sa tendresse immense, porte en avant sa jovialité organique, contagieuse, un j' m'en foutisme lucide, une générosité qui transfigure ce que nous avons l'habitude de ressentir comme moche, vulgaire, ridicule... » (*Le Monde*).

Cet enchantement a failli être un one man show, puis un live show à deux, juste Mona et Jérôme, persuadé (ça l'arrange) que le porno est le dernier bastion du théâtre révolutionnaire. Mais sa famille lui est nécessaire. Ne pas partager lui procure un fort sentiment de culpabilité. Avec ses malheureux 200 000 F, vis-à-vis des institutionnels, des nouveaux nommés aux centres dramatiques, pour la plupart plus jeunes que lui, il se vit comme pauvre et victime. Vis-à-vis des copains qui traînent une marginalité de plus en plus pénible, il se voit privilégié, et en a honte. L'une des raisons de la faillite du Magic est l'invitation lancée par Jérôme à Guenolé Azerthiope, qui avait fait un succès à Sigma avec un pastiche réussi de ce qui est fort à la mode sur les scènes parisiennes : la critique de la société bourgeoise à travers le cérémonial du dîner familial. Guenolé Azerthiope a un autre spectacle, mais pas de théâtre. Savary lui offre la Porte Saint-Martin après *Good bye Mr. Freud*, à minuit. Mais il n'a pas un franc pour la production ni pour la promotion. Les représentations ont lieu devant des salles vides, il faut quand même payer les heures supplémentaires des techniciens, l'électricité... Et se dédouaner en invitant les malchanceux à souper. Tout le monde y perd.

Bien que Jérôme aime sans trop de pudeur confier ses gestes généreux, il n'a raconté cette histoire — certifiée exacte — dans aucune de ses autobiographies. D'une façon générale, il ne craint pas d'affabuler, et pas forcément pour se donner le beau rôle. Pourquoi ? Il prétend ne pas avoir de mémoire, ne pas pouvoir s'empêcher de tchatcher, de réagir intuitivement à ce qu'attend son interlocuteur, soit pour lui faire plaisir, soit pour le provoquer. Absolument comme sur scène, quand il improvise. À ces moments-là, sa logique est celle de l'instant, du plateau, espace isolé de toute contingence. Lui qui ne supporte pas la brutalité physique, peut se comporter alors avec une effroyable violence.

ALAIN POISSON

Une fois, pendant *Les Grands Sentiments*, sous le chapiteau du TEP, arrivent des racketteurs, un groupe de gauchos attardés qui font du bordel. Il les appelle, et à coups de pieds dans la tête, les chasse. Une autre fois, plus tard, parce que je m'engueule avec je ne sais plus qui, il me lance une bouteille de champagne. Je me baisse, c'est le saxo qui la prend, et il tombe raide KO. C'est franchement rare, sa violence est purement verbale, mais terrible. En coulisses, il maintient une pression infernale. « Ouais, c'est à chier, merde, vous êtes tous des minables, pourquoi je travaille avec vous... » Il sait devenir blessant, et puis une fois la crise passée, il se montre gentil et se fait pardonner : « T'en fais pas chouchou, c'est du théâtre. » Je ne sais pas pourquoi on a tant de mal à lui en vouloir.

C'est quand même le seul type qui m'ait fait pleurer de fureur. Par moments, je me demande ce que je fais là. Il y a des choses que je ne supporte pas. Jérôme est toujours en train de se plaindre : il n'a pas d'argent, pas d'amis... Alors qu'on est tous là à se défoncer pour lui. Je le considère vraiment comme un ami ; je l'ai défendu et le défendrai encore contre vents et marées. Quand je l'ai rencontré, je n'avais pas une profonde réflexion sur l'existence. Finalement, la manière dont il m'a présenté, « le bûcheron qui arrive tout droit de sa montagne », ce n'est pas si faux. J'ai été emballé par 68, pas davantage. J'étais plutôt tendance PCF, via la CGT. J'ai arrêté mes études en troisième. Je suis resté dans la marine pendant des années, parce que mon père, moniteur de ski, m'a expliqué que la mer, rien n'est plus beau. Il ne m'a pas forcé, il m'a poussé, je n'avais pas le choix.

Avec Jérôme c'est le même tabac. Je ne suis pas toujours d'accord avec lui, artistiquement. Mais il est autocrate. Il me demande mon assentiment : « Hein, tu es d'accord chouchou ? » De toute façon, il ne m'écoute pas. Quand il a décidé, il n'écoute personne. Il pratique l'art de la mauvaise foi, c'est hallucinant. Mais je ne changerais pas pour un empire. Et puis le travail avec lui est passionnant. Pas si différent, tout compte fait, de celui de Jean-Pierre Vincent. Pourtant on peut difficilement imaginer deux personnalités plus différentes.

Jean-Pierre a une tête politique. Moins démago, moins anar, Jérôme aurait pu. Il joue le primaire, alors qu'en réalité, il est formidablement cultivé, il possède la culture du quotidien. Il est intello. Il a la méchanceté, la perversité des intellos. Mais il est fasciné par ceux dont il imagine qu'ils détiennent un quelconque pouvoir. Lui-même possède un pouvoir sur le public. Il le sait et en a peur. Une année à Cologne, on animait une grande fête de rue pour des dizaines de milliers de personnes rassemblées. Il en est ressorti trempé de sueur : « Je leur ai dit de crier, ils ont crié. Je me suis pris pour Hitler, c'est insupportable. »

Le pouvoir l'intimide. Les gens de pouvoir. Tous. Les politiques, les stars, les milliardaires, les sportifs. Il est complètement bluffé par Fechner qui a vendu les studios de Boulogne pour une fortune, par Bloubill qui se fait une rente de nabab avec les lyrics des *Misérables*. Il a rencontré Yannick Noah à plusieurs reprises, il le regardait comme s'il s'agissait de Mitterrand. Quand il a suivi le président pendant son voyage en Amérique Latine, il s'angoissait parce qu'il ne pouvait plus entrer dans son smoking. Il a toujours peur de ne pas se montrer à la hauteur. Finalement, la seule chose qui l'a impressionné, c'était le cortège des voitures officielles : « Tu te rends compte, tu montes dans une limousine, et tu passes partout. » Ce côté de lui, de gosse qu'on emmène au manège, à qui on offre une bicyclette neuve, ce côté-là m'émeut.

On l'accuse d'aimer l'argent parce qu'il en est obsédé. Mais quand il va « en voyage d'étude » comme disent les autres, quand ils partent pour Bali sous prétexte de chercher de la musique, il paie sur ses propres deniers. Jamais il ne refuse d'aider un copain dans la dèche. Il invite toujours, ça tient à son éducation, au côté grande dame de sa mère : un personnage, sa mère.

Une fois, je l'emmène à Toulouse voir *Wilhem Meister*. Les comédiens avaient eu des conflits avec le metteur en scène, et le spectacle ne fonctionnait pas. Ensuite, nous sommes allés souper avec eux. Il y en avait une tripotée. Ils attendaient quelque chose, une proposition. Il a payé, et leur a seulement dit : « Quand vous serez vieux, vous pourrez raconter que j'étais un metteur en scène mauvais, mais pas un pingre. »

MICHEL DUSSARAT / DUDU

Jérôme est fasciné par le star system. Quand il engage Micheline Presle pour *Good bye Mr. Freud*, il se met dans des états pas possibles. Il n'arrête pas de dire : « Tu es impériale... Une chaise pour Micheline... Tu n'as pas froid ? Tu veux qu'on ferme la fenêtre ? »... Avec Maria de Medeiros dans *Zazou*, il a remis ça. Il ne lui indiquait pratiquement rien. De toute façon, il n'est pas ce qu'on peut appeler un directeur d'acteurs. Avec lui, on a intérêt à assurer, d'autant qu'il devient tout de suite fou d'angoisse. Mais il sait amener les gens dans son monde à lui sans qu'on s'en rende compte, donne son rythme. Pour quelqu'un comme Galabru dans *La Femme du boulanger*, le système grippe. Galabru peut faire n'importe quoi. Une fois passées les premières représentations, il joue au public, improvise et Jérôme n'ose rien lui dire. Sincèrement, lui-même ne s'est jamais pris pour une star. Il dit tout le temps « un jour “ils” vont s'apercevoir de l'imposture »... La seule chose qu'il mette en avant, c'est le fric. L'argent qu'il gagne, les recettes. Où qu'il soit, il téléphone tous les jours pour savoir. Pourquoi ? Je ne sais pas ; c'est concret, tangible, ça doit le rassurer. Il est comme les gosses qui ramassent les billes, les distribuent aux copains pour frimer. Son plaisir, c'est d'offrir.

Les anecdotes pullulent sur l'émerveillement de Jérôme devant les gens riches et célèbres, sur son désordre financier. Comme un papa fier de ses enfants invités chez les notables, il ne manque jamais de rappeler qu'Alain Poisson a travaillé à la Comédie-Française, et Michel Dussarat chez Béjart. Parlant d'une comédienne dont il a été amoureux, il va jusqu'à se trouver une justification en disant : « Elle a travaillé avec Fassbinder. »

On ne compte plus le nombre de fois où il a oublié son portefeuille sur une table de restaurant. Il lui est arrivé de partir pour l'aéroport en laissant son argent dans la chambre d'hôtel, et de s'en apercevoir en arrivant à Paris. Si on ne lui accroche pas son passeport dans sa poche, il ne le retrouve pas. Il aime se vanter, pure provocation : « Je suis le metteur en scène le plus payé d'Europe. » S'il le croit, c'est qu'il n'a pas idée des cachets versés à d'autres... Comme directeur du Théâtre national de Chaillot, il a droit à une voiture de fonction. Mais il a peur des accidents et préfère un abonnement de taxis « affaire », avec une voiture qui l'emmène et l'attend. La plupart du temps il l'oublie et en commande une autre. Plutôt que faire l'effort de se souvenir, il trouve plus simple de payer lui-même le tout. De 200 000 F à 20 millions, le processus ne change pas. Jérôme vit l'argent comme une drogue : quelque chose qui lui fait mal, dont il ne peut se passer, dont il doit sans cesse augmenter la dose.

14

Après *Les Grands Sentiments*, Savary cède au syndrome nouveau riche. En 1978, en Allemagne, il crée *Les Mille et Une Nuits*. Il en utilise les somptueux décors et costumes pour la version française, qui tourne en province, seulement dans les grandes institutions. Elle est trop lourde, trop chère pour les petites. Puis elle s'installe chez Renaud-Barrault au Théâtre d'Orsay.

Le spectacle est bizarrement mélancolique, parfois rude. On y retrouve la beauté de l'imagerie chromo, les palmiers de carton découpé, la mer de toile bleue, une grotte d'Ali Baba en forme de coffre-fort suisse... Mais la Schéhérazade-poupée-de-salon meurt d'avoir oublié le début de sa première histoire. La marchande de fleurs vend des couronnes funéraires, tandis que dans un proche hôtel de passe, se déroulent de lugubres orgies, ambiance Hambourg. La fantaisie se fait amère, la candeur ne transfigure plus le carton-pâte. Il n'y a plus de carton-pâte, il n'y a plus d'innocence. Il n'y a plus Jérôme, il n'est pas sur scène.

Monsieur Loyal, ce n'est pas lui, et il manque. Le texte aurait bien besoin de son génie d'improvisation, de son aura scénique. Il prétend que Mona est enceinte, qu'elle ne peut pas jouer et qu'il ne veut pas la laisser. À l'écouter, voix grave, ton pudique du genre « ça me gêne, je vous en prie parlons d'autre chose », on a envie de le croire.

D'ailleurs, ce n'est pas totalement faux. Mona, enceinte, ne peut pas jouer, et il veille sur la mère de ses futurs enfants. Seulement, ça ne l'empêche pas de travailler sur plusieurs spectacles à la fois. Il ne veut pas, dit-il, s'enchaîner à un seul. Il s'engage dans la spirale des activités boulimiques, une spirale sans fin, une pente vertigineuse.

Et puis le temps avance, les *Mille et Une Nuits* arrivent à un moment charnière. On y reconnaît ce qui a été, à quoi Jérôme ne croit plus que par habitude, la fête, les petits cirques. On y découvre ce qui sera. S'étant exercé au professionnalisme allemand — qui, n'exagérons rien, demeure chez lui relatif — il rêve pur théâtre, super-comédiens, grands textes. Il est mûr pour *Le Bourgeois gentilhomme*, et pense à Bernard Haller, à son œil inquiet, sa volubilité affolée pour son Monsieur Jourdain.

C'est une proposition d'André-Louis Perinetti, à Chaillot encore, mais pas pour longtemps. Michel Guy a beaucoup favorisé le théâtre sans prévoir les réductions drastiques de budget, consécutives au premier choc pétrolier. Contraint de quitter le ministère, il reprend le Festival d'Automne, mais quelques-uns de ses poulains se trouvent en mauvaise posture, leurs contrats ne sont pas renouvelés, les 200 000 F du Magic Circus disparaissent, ils auront été versés pendant trois ans. Empêtrés dans les travaux de rénovation commandés par son prédécesseur Jack Lang, Perinetti n'a pas répondu à l'attente, il va le payer. Ses comptes sont au rouge, Jérôme lui permettrait de remonter la pente.

Quand tombe une tuile majeure : afin d'éponger le déficit, l'État retient une part de la subvention. Or il n'est pas question d'amputer le budget de fonctionnement, d'amputer la masse salariale fixe, au prix d'une grève qui, par solidarité, s'étendrait aux autres théâtres nationaux. Donc, c'est le budget affecté à la création qui est touché. S'il y tient, à partir du moment où il ne licencie personne et paie tout le monde, Perinetti peut fermer son établissement. Il peut aussi le laisser en état de marche, et accueillir des spectacles. En faire un garage du service public. Gâchis absurde, mais ce n'est ni la première ni la dernière fois. « D'Allemagne, où je termine la mise en scène du *Tour du monde en quatre-vingts jours*, la situation semble quasiment surréaliste », écrit Jérôme dans une lettre ouverte. « Je ne cherche pas à désigner le ou les coupables de ce coup bas, j'en connais les victimes. »

Du coup, en Allemagne, il y reste, y travaille. Il amène à Nanterre son fameux *Tour du monde*, en même temps que l'*Othello* de Peter Zadek — un *Othello* perdu dans une ancienne colonie, soldat de fortune devenu un gros bourgeois noir qui déteint partout et se fait flouer par les petits blancs... Ni lui ni Jérôme ne remuent les foules. Pourtant, deux ans après la révélation à Nanterre des *Estivants* de Gorki par Peter Stein et d'*Empédocle* de Hölderlin par Klaus Grüber, il n'est pas idiot de penser que le meilleur de la production allemande peut trouver son espace dans ce théâtre, qui est encore à l'époque une maison de la culture.

Finalement, en 1980, Jérôme retrouve Perinetti et Chaillot avec *Les Mélodies du malheur*, mélo poétique dans la veine des *Grands Sentiments*, créé à Istres, comme *Les Grands Sentiments* l'avaient été à Villeneuve-sur-Lot, et pour les mêmes raisons, pour que le spectacle prenne forme. La forme est superbe. Le Magic Circus revit, retrouve l'éclat de sa légende. Seule différence, il ne s'agit plus d'une bande de copains, mais d'un ensemble de talents qui se rejoignent. Avec à leur tête Jérôme, plus ébouriffant que jamais. Au-delà du mélo et de la satire, il dit le bonheur d'aimer, d'être aimé, d'être père.

Chacun peut amener ses gosses aux répétitions. Jérôme fait preuve d'une patience stupéfiante, modère l'expression de ses rages fameuses. Et si, mieux que personne, il sait jouer avec les enfants, il se montre avec eux carrément puritain : « Quand je pense que mes filles pourraient regarder les pornos de Canal +, ça me rend malade. Je me retiens de leur interdire la télévision. On me dit que mes spectacles sont devenus à l'eau de rose, je veux que mes filles puissent les voir, et y participer sans rougir. » Car les petites le suivent jusque sur le plateau. Dans ses spectacles il y a toujours des enfants qui passent. Il affirme pourtant ne pas vouloir leur donner le goût du théâtre.

ROBINSON SAVARY, fils de Jérôme et de Sabine

Quand il a su que je voulais prendre la même direction que lui, il m'a engueulé : « Petit, c'est pas un métier, tu dois devenir chirurgien ou dentiste. Ce sont des gens qui ont toujours du travail. » Il blague un peu, mais c'est tout juste. Il fantasme là-dessus, parce que c'est ce qu'il n'a pas fait. Après tout, c'est sa faute, il m'a trop montré à quel point on s'amusait dans ce métier. Il s'amuse et il est angoissé, c'est vrai. S'il ne l'était pas, ce serait un imbécile heureux. J'avais trois ans quand il est parti, mais j'allais le voir et je frimais devant les copains : je vais rejoindre mon père à Rome, en Allemagne...

Il m'a appris l'importance des amis. J'aime bien quand je le vois avec Poisson, avec Dudu, Carlos... Il ne peut pas se passer d'eux, même s'il grogne qu'il n'aime pas les gens, qu'il les déteste, qu'il voudrait n'avoir besoin de personne. Il leur est sincèrenent attaché. Je m'entends bien avec lui dans la mesure où, comme on n'a pas habité ensemble, on n'a pas eu de problèmes de chaussettes, enfin ce genre-là. Quand j'étais môme et que j'allais le rejoindre, il me demandait : « Tout va bien, tu as de bonnes notes ? » Je crois qu'il n'a jamais même pensé à regarder mes devoirs. Il ne m'aide pas, mais ne m'a jamais mis de bâton dans les roues. Comme tous les pères, il m'a recommandé de passer mon bac d'abord.

Le voir jouer me rendait heureux. Il ne joue plus, ou presque. Je pleurais à tous les coups, même si ce n'était pas triste. Simplement le voir me tirait des larmes. Le voir transpirer, jouer de la trompette. Il est tellement sincère, qu'il peut dire un truc super mélo avec des ficelles énormes, on a envie d'y croire. J'aime bien les moments où la représentation cloche, parce qu'alors, il se montre. Quelquefois il déconne, puis il rattrape le tout, vire sur la dérision. Ça correspond à sa manière d'être en général. Avec moi, il est assez sérieux, il s'intéresse, mais ne dit pas vraiment ce qu'il pense. Il est à la fois braillard et secret.

Mon entente avec lui est directe, physique. Un jour, j'ai rêvé que j'étais avec lui tout en haut d'une montagne pleine de gros cailloux, on était nus et il sautait comme ça, de caillou en caillou, il dévalait la pente en rebondissant et se marrait.

Je ne peux pas nier ce qui me vient de lui. Quand j'ai commencé à tourner des clips, je me suis rendu compte que j'utilisais des éléments visuels de mon enfance, des étoiles, des lunes. Mais nous n'employons pas les mêmes méthodes. Enfin, je ne crois pas. Lui, il visualise un ensemble. Moi aussi finalement. Au début, il se place devant un grand vide. Moi aussi en fait. J'aime me forcer à la réflexion, lui est complètement obsédé par ce qu'il est en train d'écrire, de mettre en scène. Il raconte partout que c'est pour le fric, alors qu'il travaille pour fuir la peur. Qu'il s'arrête deux jours, et c'est comme s'il était poursuivi par des fantômes.

Du coup, il n'arrête jamais. Son équilibre, il le trouve dans le mouvement. Quand j'étais gosse, ça me surprenait et m'effrayait un peu. Ma mère est tellement calme. Elle travaille à son rythme, seule avec ses toiles. Je me suis adapté. Lui voyage tout le temps, il est comme une fiancée du bout du monde. Mes sœurs aussi se sont habituées, elles ont grandi avec lui. Travailler avec lui... Je ne sais pas. Je ne sais pas s'il apprécie mes clips. Il ronchonne, après quoi il fait le fier : « Tu as vu le clip de Robinson ? » S'il se renfrogne, ça veut dire qu'il est un peu jaloux, donc content. Il ne va quand même pas me faire des louanges. La relation père-fils, elle est toujours comme dans les films de la Mafia : le côté honneur, virilité, orgueil à la noix.

Je préfère qu'il ne m'aide pas, et ne pas profiter de ses relations. De toute façon, c'est forcément grâce à lui que je connais des gens dans la profession, et c'est déjà assez gênant comme ça. À la limite, ils disent : « Pourquoi votre père ne vous donne pas d'argent ? » Je préfère trouver une pro-

> duction par moi-même. Je vais voir ses spectacles, bien entendu. Il m'arrive de lui donner mon opinion, même quand je n'apprécie pas. Il ne m'écoute pas puisqu'aussi bien c'est trop tard. En général, il est conscient de ce qui cloche. Il peut passer des heures à régler des points de détail, qui d'ailleurs sont importants. Ça lui plaît, il est rassuré. Il dit : « Tu vois, petit, j'ai un métier. » En général, quand il se plante, c'est qu'il a fait confiance à une vedette. Il est tellement impressionné par la célébrité. Il est assez fort pour rester quelqu'un qu'on aime, en dépit de tout. J'explique ça par sa personnalité. La plupart des gens perçoivent ce qu'il cache. Beaucoup le détestent, c'est vrai, mais Gainsbourg aussi était détesté. Et quand il est mort, même les fachos l'ont pleuré.

Jérôme resserre autour de lui sa famille. Il concocte une coproduction germano-magic, avec distribution binationale, et histoire commune, c'est-à-dire la guerre. Celle de 40 est trop proche, celle de 14 fera l'affaire. Et ce sera en 1981, *Noël au front*, spectacle pacifiste. Chacun dans sa tranchée, les bidasses en bleu horizon et en vert de gris célèbrent la naissance de Jésus. Le temps d'une trêve illusoire, ils fraternisent. L'espace scénique les réunit dans un même trou à rats, étayé d'échafaudages moisis. Un même monde noir surmonté d'une estrade, de deux petites baraques. Le spectacle se joue sur les deux plans : en bas, l'horreur du présent, en haut, la grâce des souvenirs, en cartes postales coquines ou cocardières, destinées à soutenir le moral du combattant. Les soldats grappillent des secondes de bonheur, et à l'arrière, côté français comme côté allemand, dans les campagnes, les salons, les boudoirs, des poètes chantent la gloire et l'héroïsme, des bourgeoises se débarrassent de leur mari gueule-cassée en le reléguant dans la glacière, jouent *Le Diable au corps* avec des collégiens dépassés. Comme il n'y a pas de Magic Circus sans histoire d'amour, deux acrobates séparés par la guerre se rejoignent au-delà de la mort.

Les comédiens allemands adorent la liberté que leur laisse Savary, et en même temps imposent leur rigueur. Si bien que le spectacle tourne pendant des mois sans se dégrader. Il ira partout, et même au Festival d'Avignon, sauf à Paris. À Paris, en décembre 1981, le Magic Circus présente *Le Bourgeois gentilhomme* au TEP, après une tournée française et brésilienne. Ordinairement, on envoie à l'étranger la Comédie-Française ou un centre dramatique — pour le prestige —, ou pour remplir les devoirs culturels, une petite troupe pas cher. Le choix du Magic fait grincer bien des mâchoires, et il triomphe là-bas comme partout. Non qu'il y soit connu, mais il a donné les premières représentations à Sao Paulo, capitale culturelle, les télévisions, les journaux nationaux étaient là. Ils ne se sont pas privés de clamer leur plaisir.

Par mesure d'économie, Jérôme tient le rôle de Monsieur Jourdain : révélation d'un acteur truculent, ce qui n'est pas une surprise, et d'une inquiétante sauvagerie. Le personnage lui colle à la peau, colle à son angoisse de saltimbanque qui ne parvient pas à être reconnu. Il est obnubilé par Dorimène parce qu'elle est marquise, parce qu'elle est jeune. Il est odieux et poignant quand, à la fin, il la donne à Dorante, et sa fille à Cléonte, et sa femme « à qui voudra ». C'est dans le texte. Cela dit, il ne faudrait pas imaginer une mise en scène psychologique. Le spectacle commence par une parade, les gags se bousculent. Hors le couple Jourdain, les personnages sont violemment caricaturés. Le maître à danser est une folle arthritique tout vêtu de rose, le maître de philosophie a des allures de comptable, le maître d'armes, invalide à la jambe de bois, arrive à toute vitesse sur sa chaise roulante, poussé par une infirmière de la guerre de 14 : un travesti moustachu. La musique de Lully dérive vers le jitteburg. Quant à la cérémonie du mamamouchi, elle se noie dans des fumées hallucinogènes. Gilles Sandier, critique et théâtrologue, professeur et personnage marquant, qui jusqu'à présent n'a pas été tendre avec le Magic Circus, écrit :

« Cette œuvre prodigieuse dont Audiberti disait qu'elle se rattache à la fantasmagorie mystique du théâtre, je ne l'avais encore jamais vu jouée comme je la rêvais. Je crois que cette fois, c'est fait. Savary a réalisé ce miracle d'être, dans l'irrespect — un irrespect fraternel — d'une fidélité sidérante à Molière, dont il récapitule en somme le génie, puisqu'il retrouve ici, à travers le Molière saltimbanque des débuts — théâtre de foire, théâtre de rue, cirque, commedia dell' arte — le Molière de la fin : carnaval onirique, vertige de l'absurde, délire et folie du ballet bouffon qui achève la peinture des folies humaines. »

Il faut dire que Jérôme Savary et Christian Gay-Bellile ont été nommés par Jack Lang, nouveau ministre de la Culture, à la direction du centre dramatique du Languedoc-Roussillon, basé à Béziers. Ils doivent prendre leur fonction en janvier 1982. Mai 81 est passé par là.

15

Jérôme Savary-le-libertaire, institutionnalisé. En fait, depuis 1974, il soutient le candidat Mitterrand et compte bien ne pas être oublié du président. Il envisage un statut de compagnie indépendante, certainement pas un centre dramatique, mais n'a pas le choix. Le Magic se survit, structure juridique qui permet à Jérôme de remplir les contrats déjà signés — dont *L'Histoire du soldat*, l'une des productions les plus chères de la Scala de Milan, qui n'a pourtant pas l'habitude de lésiner — et d'en signer quelques autres, sans doute par peur de rester une heure sans rien faire. Au lieu des soixante-cinq représentations pour six mois recommandées par le cahier des charges, centre et Magic mêlés en donnent cent trente-trois. Étant donné le prix des places, chacune est déficitaire — d'où la nécessité de les limiter. À partir de là, entre l'arrivée de Jérôme le 1er janvier 1982 et septembre de la même année, le centre accuse un déficit de 2 750 000 F. D'autres font plus fort, mais les banques se méfient de Savary et refusent de couvrir. Gay-

Belille a bien essayé de le retenir, mais allez donc surveiller un barbare à mentalité de gamin, investi d'un pouvoir tout neuf !

Son credo : produisez, produisez, arrivera toujours le moment où l'argent rentrera. En 1982, pour le Magic, il adapte la BD de Gotlieb : *Superdupont*, avec Alice Sapritch, star — donc fascinante — infiniment populaire — donc rentable. Et d'abord, personnage extravagant, secret, manipulé par ses admirateurs, vautour et victime. Jérôme éprouve envers elle une affection et un respect désintéressés. Tous deux ont en commun de projeter une image très forte dont ils usent et abusent, mais qu'ils maîtrisent mal. Cela dit, la monolithique Sapritch s'intègre péniblement à la frénésie du Magic, paraît peu à l'aise au milieu des grivoiseries et trivialités, dans l'ambiance gros rouge d'un spectacle qui se veut grossièrement caricatural et qui l'est.

Comme l'ensemble de la scène française, Savary navigue entre deux eaux sans trouver ses marques. Les catégories précédentes : théâtre bourgeois (engagé, de l'absurde), théâtre populaire (de répertoire, didactique, de combat), marginal (de recherche, laboratoire, agit' prop) n'ont plus cours, n'entrent plus dans la réalité. Le Café-Théâtre, qui, sur le modèle du off off Broadway, devait servir d'essai et de tremplin, est devenu une machine à spectacles courts et pauvres, sans autre ambition que de perpétuer l'esprit chansonnier, à la limite les persiflages et pastiches du style Rose Rouge.

Après être passé des troupes étudiantes aux spectacles militants, le Festival de Nancy s'est rangé. Avec à sa tête Lew Bogdan, qui connaît bien l'Allemagne pour avoir dirigé le Théâtre de Bochum, il accueille

Peter Zadek, la Rote Rübe (dernier des groupes alternatifs), Pina Bausch. Et Kazuo Ohno, onagata [1] septuagénaire qui, accompagné de deux accordéons, le visage passé au blanc sous une capeline noire ornée d'une fleur en papier, danse son amour pour la Argentina, star du flamenco de l'entre-deux-guerres.

Un festival parmi d'autres. Contre vents et marées et dans une orgueilleuse pauvreté, le Sigma de Bordeaux, et ceux du prestige, automne à Paris, été à Avignon, où un énarque, Bernard Faivre d'Arcier, succède à Paul Puaux, vilarien redoutablement inconditionnel. Faivre d'Arcier est chargé de réorganiser la structure juridique, de mettre de l'ordre dans les rues. Il désire favoriser la modernité, et invite Daniel Mesguich [2] dans la cour d'honneur, demande aux vidéos, aux painting boxes, et autres lasers d'apporter un air de nouveauté. Nancy s'étiole malgré les efforts de deux directrices successives : Françoise Kourilsky, qui tente de faire accepter un semi-amateurisme américain, baptisé « recherche » quand il vient de New York, « tradition » quand il arrive du Texas. Puis Mira Trailovic, qui tente de transporter l'esprit du BITEF (Festival international de Théâtre de Belgrade), c'est-à-dire la confrontation Est-Ouest. Confrontation banalisée, dans une ville qui ne s'y intéresse pas.

1981 marque le début d'une stagnation, comme diraient les Soviétiques en parlant des années Brejnev. Haut de gamme, mais stagnation quand même. Les grands s'affirment. Ariane Mnouchkine monte quatre

1. Nom donné aux acteurs de théâtre traditionnel japonais, qui interprètent des rôles féminins.

2. Metteur en scène et professeur au Conservatoire. Directeur du centre dramatique du Nord-Pas-de-Calais.

pièces de Shakespeare dans ces codes inspirés du Nô et du Kathakali. Patrice Chéreau fait modifier le statut de la maison de la culture de Nanterre, et elle devient Théâtre des Amandiers. Il y monte Genet, Heiner Müller, entame sa collaboration avec Bernard-Marie Koltès, fait venir Luc Bondy, travaille avec Pierre Boulez... Nanterre, un must flamboyant...

Antoine Vitez annonce qu'il s'en va du parti communiste, et demeure un compagnon de route. Il est nommé à la tête du Théâtre national de Chaillot, demande à Yannis Kokkos de décorer la salle style art-nouveau pour y monter dans une même scénographie Faust, *Tombeau pour cinq cent mille soldats*, texte sulfureux de Pierre Guyotat, plus un *Britannicus* forcément incestueux... Avec des hauts et des bas, Chaillot devient le « théâtre élitaire pour tous », dont rêve Vitez. Si élitaire signifie intelligent, audacieux, raffiné, alors oui. Pour tous, c'est une autre affaire. Dans sa dernière année à Chaillot — qu'il devra céder à Savary quand il prendra la Comédie-Française — Vitez tiendra un pari insensé : l'intégrale du *Soulier de satin* de Claudel, souvenir culte autant que chef-d'œuvre, créé au Festival d'Avignon, selon la tradition de Vilar, dont, bizarrement, peu à peu Vitez devient le sosie...

Pour Giorgio Strehler, Jack Lang fonde le Théâtre de l'Europe. Le but est vague, peu importe. Strehler amène quelques-uns de ses spectacles — une *tempête* où Ariel, merveilleux esprit de l'air, se balance, suspendu à une courroie élastique dans le ciel blanc... Il crée *L'Illusion comique* de Corneille avec des acteurs français, invite quelques « vieux amis », dont Ingmar Bergman que l'on n'avait pas vu depuis le Théâtre des Nations. Question déficit, comparé à lui, Jérôme est un enfant de chœur. Le Théâtre de l'Europe partage l'Odéon avec la Comédie-Française, où Jean-Pierre Vincent est nommé administrateur général. Illuminé de bonheur, il se met en tête de bousculer la maison, y laisse sa santé, part à temps, en 1986, juste avant la première cohabitation. Son successeur, Jean le Poulain, tentera en vain de redonner à la maison son look traditionnel. Il en meurt. Et Vitez lui succédera, et lui aussi y perdra la vie.

Dans les années 80, le théâtre — un art qui donne le temps au temps, comme dirait Mitterrand — se mord la queue, décalé dans le monde des raiders et autres golden boys, pour qui l'abolition des distances, le jeu avec les fuseaux horaires, la rapidité tiennent lieu d'idéologie. Les arts en général sont bouffés par l'accélération de la spéculation, l'Opéra par les vertiges du grandiose, le cinéma par le rêve idiot qui consiste à vouloir conquérir le marché américain, la mode par la surenchère du spectaculaire. Mais les années 80 dans le monde de la mode, c'est aussi l'arrivée de Christian Lacroix, ses broderies, ses couleurs ensoleillées, sa fantaisie ludique, sa façon de dire que fric et jeu, luxe et clin d'œil peuvent se conjuguer. Il donne un sacré coup de rire à la haute couture. Preuve qu'il ne faut jamais désespérer.

Entraînée par le stress ambiant, la frénésie de Jérôme s'emballe, devient follement productive. Il ne clame pas encore que le théâtre est un « produit biodégradable », mais le pense déjà. Voir Strehler s'étrangler et pleurer sur le plateau de la Scala parce qu'un figurant n'est pas à sa place, le plonge dans une stupéfaction envieuse, un peu moqueuse. « Ce n'est que du théâtre », dit-il, et lui, il est pire. Dans cette même Scala, à la première de *L'Histoire du soldat*, dans son smoking blanc trempé de sueur comme s'il était passé sous la douche, il hurle à la mort, longtemps encore après le rideau baissé, à cause d'un incident technique dont personne ne s'est aperçu.

Ce produit biodégradable qui lui échappe à mesure qu'il se forme le secoue d'angoisse, lui fait perdre tout contrôle. Il prend le monde à témoin de cette mort à répétitions, s'adresse au public à la fin des représentations. À Brasilia, pendant la tournée du *Bourgeois gentilhomme*, il manque de provoquer un incident diplomatique. Cette ville sans piétons, sans endroits pour flâner, avec ses alignements de façades disposées comme dans un musée, terrifie. Le contrat stipule que le Magic Circus doit mener une parade. Où ? Comment ? En définitive, ce sera un concert sur une placette, devant un bas-relief de Christ moderne comme une pub. Le théâtre où se joue *Le Bourgeois gentilhomme* est immense, aussi chaleureux qu'une salle de conférences, et plein de diplomates. À la fin, Jérôme hurle en espagnol que ce pays du tiers monde ferait mieux de construire des villes à dimensions humaines, plutôt que d'exporter ses traves et ses putes. L'ambassadeur français s'en souviendra longtemps. Il a préparé une réception à laquelle ne vient aucun Brésilien. Jérôme lui présente ses excuses, fait du charme à sa femme, les fait rire tous les deux, et s'en va la conscience tranquille.

Comme directeur de centre dramatique, Savary n'est pas des plus assidus, même quand il obtient que la base soit déplacée de Béziers à Montpellier. Il ne cesse de mettre en scène un peu partout des opéras. Seul échec : il ne trouve pas de production pour une suite à *Carmen*, où, sauvée par le professeur Barnard, elle se fiance à Hemingway. Escamillo devient alcoolique, et pour elle, décide de se surpasser. « Complètement bourré, grimé en clown, il commence quelques sublimes véroniques devant une vachette qui s'énerve et le charge, il meurt » (*Nouvelles Littéraires*). Quand ça ne marche pas, Jérôme n'insiste pas. Il met en scène *Cyrano de Bergerac*. Jacques Weber tient le rôle titre. Il est coproducteur en tant que directeur du centre dramatique de Lyon, avec Fernand Lumbroso, qui dirige Mogador et rencontre là l'un de ses plus grands succès : créé en 1984, les représentations en sont prolongées plus de deux ans. Pendant ce temps, Jérôme réunit à nouveau le Magic dans un spectacle pour enfants, donné en matinée toujours à Mogador : *L'Histoire du cochon qui voulait maigrir*. C'est son cas, il a pris du poids et veut retrouver sa silhouette de jeune homme. Encore un formidable succès public et mérité.

En pleine période euphorique, Jérôme déclare : le Magic ne mourra qu'avec moi. Il réalise un vieux projet en forme de comédie musicale toute prête pour Broadway, la version Magic de *Chorus Line* : *Bye bye show bize*. Créé en 1984 à Venise pendant un carnaval poétiquement enneigé, le spectacle tourne plusieurs mois, rôdage fort utile, les représentations vénitiennes rappelant celles de *Robinson* au Sigma. Puis, à Mogador, *Bye bye show bize* remplace *Cyrano*, qui d'un coup avait ouvert à Savary une presse où jusqu'à ce moment-là, il était ignoré sinon méprisé. « Notre meilleure exportation après le champagne », titre le *Fig Mag*, qui lui consacre six pages...

Dans *Bye bye show bize*, Jérôme n'est pas si différent du clown famélique d'hier. Avec davantage de moyens, il utilise une imagerie poétique, étincelante, pour raconter les mêmes émouvantes histoires d'amour, pimentées de dérision : « Je ne renie pas ce que j'ai été, mais le monde évolue et moi avec. Je suis sorti de la marge. Plus exactement, elle s'est tellement rétrécie que je me suis trouvé à l'intérieur de la page. Ce n'est pas moi qui ai fait un bond. (...) Je ne suis pas un naïf, mais un vieux roublard. Mon langage, y compris mon langage visuel, est schématique, donc il doit être impeccable. Comme dans les livres d'enfants, on ne doit pas mettre trop d'adjectifs, de fioritures. On va droit au but. Ma culture, c'est *Little Nemo*, c'est la comédie musicale. Sans aucune affectation, j'admire la démarche des librettistes... Je sais, c'est la mode, on analyse *42ᵉ Rue* comme si c'était du Wagner. Pour moi, ça n'a rien à voir. Je suis fasciné par la construction, l'efficacité des histoires, l'invention du spectaculaire » (*Le Monde*).

Mais dans cette recherche de l'impeccable et du riche, le Magic se noie. *Bye bye show bize* ne soulève pas l'enthousiasme escompté. *Bye bye show bize*, adieu Magic.

Épilogue

La marge c'est fini. Pour tout le monde. On ne sait plus à quoi elle correspond, si ce n'est à une triste pauvreté. Et Jérôme est riche. Tout au moins ses spectacles. Pour lui, ses dettes suivent l'évolution de ses cachets, de ses budgets. C'est une habitude à prendre.

Mais Savary est devenu un officiel. Il n'attend pas même que son contrat avec le centre dramatique du Languedoc-Roussillon soit parvenu à son terme pour prendre la succession de Jacques Weber (nommé à Nice) au centre dramatique de Lyon. En 1987, en guise d'inauguration, il y monte *Cabaret* — où se révèle Ute Lemper qui avait joué la version allemande de *Bye bye show bize* — toujours en coproduction avec Mogador. Un triomphe vrai, qui dure, perdure, tourne, et se solde par un désastre financier toujours pour les mêmes raisons : en dehors de Mogador, salle privée, les prix des places sont ceux du service public, c'est-à-dire que chaque représentation coûte bien plus cher que la recette maximum. Mais jusqu'à plus soif,

Jérôme reprend le spectacle dans toutes les langues, dans tous les pays, y compris en Israël.

Pour s'en tenir à la France, il remonte à Lyon *Le Bourgeois gentilhomme*, avec Galabru qui s'ennuie visiblement — et qu'il a dirigé dans *La Femme du boulanger* de Pagnol à Mogador. En 1988, il remplace Antoine Vitez au Théâtre national de Chaillot. Ses débuts y sont boiteux, avec un texte de Jean-Loup Dabadie sur *D'Artagnan*, prévu pour Mogador, où le spectacle s'installe après les représentations réglementaires à Chaillot. En dépit de la vedette, Christophe Malavoy, le succès est douteux. Il ne peut plus être à tous les coups au rendez-vous. Chaillot cependant prend sa vitesse de croisière. Les inconditionnels de Vitez qui avaient crié au sacrilège finissent par s'habituer.

Et puis Jérôme reprend une fois encore *Le Bourgeois gentilhomme*, il est à nouveau Monsieur Jourdain, donne une fabuleuse interprétation d'homme vieilli, dégoûté de son corps, et qui retrouve ses cris d'enfant. Pendant longtemps on ne le verra plus sur scène. Il prétend ne pas pouvoir apprendre de texte. Surtout, il ne veut pas être obligé de se trouver soir après soir au même endroit, de renoncer à ses mises en scène extérieures. Dans *Arturo Ui* de Brecht, qu'il monte avec Guy Bedos, il joue le bateleur : une tirade en début de représentation. Cinq minutes éblouissantes qui font retrouver les enchantements de naguère.

Jérôme aura beau dire, la scène lui manque autant qu'il manque à la scène. Sinon, il n'aurait pas imaginé la nostalgie du Magic Circus Old Stars dans son ultime production, *Nina Stromboli*. Sinon, il n'aurait pas, une fois encore, peint sur son visage les larmes bleues de Trampolino, le clown inquiet.

CET OUVRAGE A ÉTÉ REPRODUIT
ET ACHEVÉ D'IMPRIMER SUR ROTO-PAGE
PAR L'IMPRIMERIE FLOCH À MAYENNE
EN AVRIL 1996

Éditions du Rocher
28, rue Comte-Félix-Gastaldi
Monaco

Dépôt légal : avril 1996.
N° d'édition : CNE section commerce et industrie
Monaco : 19023.
N° d'impression : 39433.

Imprimé en France